JN409486

눈이 녹을 때

눈이 녹을 때

류수미 수필집

수필과비평사

■ 작가의 말

편안함은 익숙한 것입니다. 익숙한 것은 이미 습관으로 자리를 잡은 것이라 평소대로 행동하면 별 문제가 되지 않는 상태입니다. 그러나 익숙함에 젖어 있으면 발전이 없습니다. 새로움은 낯선 것입니다. 낯선 것은 불편합니다. 사람을 긴장하게 만들고 집중하게 합니다. 모든 결정에 좀 더 심사숙고하게 됩니다. 그렇게 새로움에 점차 적응해 갑니다. 그리고 새로운 것은 또 다시 익숙함이 되고 편안한 일상이 됩니다.

나이가 들수록 익숙한 것이 좋습니다. 그러나 새로움을 두려워 말고 도전하는 용기를 가져야 합니다. 기회가 왔을 때 실패할 확률이 있더라도 일단 포기하지 않고 도전해야 합니다. 성공할 확률이 조금이더라도 있다면 시도해 보는 것이 좋습니다.

평범한 주부에서 글을 쓰는 주부가 되었고, 좀 더 잘 쓰기 위해 공부하는 주부가 되었다가 몇 번의 시행착오 끝에 지금은 일하는 주부가 되었습니다. 눈이 녹아 흙 속으로 스몄다가 비가 되고, 이슬이 되고, 서리가 되고, 안개도 되듯이 많은 역할을 해 내며 여기까지 온 것 같습니다. 생각들이 차곡차곡 쌓이면 글이 됩니다. 아니 그냥 쌓이기만 해선 안 되고 쌓여서 발효가 되어야 합니다.

깊이 사색하고 생각이 곰삭은 글을 쓰고 싶었지만 내공이 모자라 많이 부족합니다.

2004년 등단 때부터 2015년까지 쓴 글을 모았습니다. 주로 일상에서 느낀 점을 옮긴 글이라 가족과 관련된 글이 많습니다. 결혼 후, 15년은 아이들 건사하느라 바빴고, 최근 10여년은 자기성장을 위해 열심히 뛰었습니다. 동분서주하며 살아온 흔적들이 이 수필집에 녹아 있습니다. 50대를 맞으며 인생에 뚜렷한 느낌표를 찍는 마음으로 수필집을 냅니다. 책을 내기까지 물심양면으로 도와주신 천안수필문학회 여러 선생님들과 항상 지지와 응원을 보내준 가족들에게도 깊은 감사의 마음을 전합니다.

50대, 좀 더 깊어질 수 있는 나이가 되었습니다. 편안함에 안주하지 않고, 낯설음을 두려워하지 않으며 씩씩하게, 그리고 기쁘게 이 나이를 맞고 싶습니다. 부족한 글이나마 애정을 갖고 읽어주시기를 부탁드립니다.

2016년 7월

■ 차례

Ⅱ. 스물한 송이 장미

Ⅲ. 숨바꼭질

Ⅳ. 주개떡

V. 웅덩이

Ⅰ.

프리지어 향기처럼

프리지어 향기처럼

꽃은 향기로 말한다. 향기는 꽃이 온몸으로 쓰는 아름다운 한 편의 시詩다. 생의 절정에서 터트리는 꽃의 절규, 초록이 묻어나는 한 편의 싱싱한 시다. 봄은 꽃이 온몸으로 노래하는 계절이다.

며칠 전의 일이다. 신입회원의 초대로 수필수업을 그 댁에서 하게 되었다. 우리가 도착하니 준비된 상이 그득했다. 다과를 즐기며 수업이 진행되었고, 수업 분위기는 모과차처럼 향기롭고 훈훈하게 무르익었다. 연이어 토속적인 점심 상차림에서도 주인장의 정성이 듬뿍 묻어났다. 식사를 마치고 나서 후식을 먹을 때였다. 주인은 뜬금없이 베란다로 가더니 둥근 나뭇잎을 두어 장 뚝뚝 따왔다. '저걸 갖고 뭘 하려나?' 했더니 큰 접시에 나뭇잎을 깔고 그 위에 딸기를 보기 좋게 올려놓는 게 아닌가! 순식간에 초록과 빨강이 어우러진 아름다운 작품이 완성되었다.

그 집 베란다에는 갖가지 화초가 토분에 심겨져 조화를 이루고 있었다. 그중에서도 꽃을 피운 애기나리 향이 일품이었다. 키도 크지 않아서 넙데데한 화분에 심어 두었는데, 잎은 댓잎처럼 길쭉하고 꽃은 속이 비칠 듯 엷은 보라색으로 잎사귀에 비해 향이나 꽃이 더 강한 인상을 주었다. 그 집에 머물러 있는 내내 은은한 꽃향기로 인해 문학수업마저 한층 격조 있게 느껴질 정도였다.

수업을 마치고 일어서려는데 회원 중 한 분이 그 꽃을 분양받고 싶다고 했다. 주인은 한창 꽃이 펴 예쁜 분에서 아낌없이 두어 가지 뚝 잘라 비닐에 담아 주었다. 머뭇거리던 다른 회원들도 쭈뼛쭈뼛 손을 내밀었다. 탐나는 꽃향기 때문에 나도 염치없는 손을 보탰다. 나중에 보니 화분 한 귀퉁이가 헐렁해져 있었다.

오전에 그 집을 방문할 때 동네 꽃집에 들러 프리지어를 한 다발 샀다. 프리지어는 노랑만 있는 줄 알았는데 진분홍도 있었다. 예쁘게 포장을 해서 가져갔는데 애석하게도 향기가 거의 나지 않았다. "분홍 프리지어는 향이 엷은가?"라며 모두들 한마디씩 했다. 나중에 포장을 풀고, 깨끗한 물을 담아 화병에 꽂아놓으니 그제야 진하게 향기가 풍겨 왔다.

그날 신입회원 집에서 얻어온 난을 적당한 화분이 없어 우선 예쁜 그릇에 물을 붓고 담가 두었다. 가족들에게 자랑삼아 향을 느껴보라고 권했더니 아무런 향이 나지 않는다고 했다. 이상한 생각이 들어 초대했던 회원님께 전화를 해 보니 그 집에서도 향기가 나지 않는다는 대답이었다.

많은 생각들이 스쳐 지나갔다. 아무것도 모르겠거니 했던 식물도 사람이 아픔을 느끼는 것처럼 고통을 느꼈던 것은 아닐까! 인간이 아프면 기운을 잃고 늘어지듯이 꽃도 기운이 없으면 향기를 잠시 잃어버리는 것이다. 사람이 자신을 귀하게 여기는 사람을 알아보듯이 꽃도 사랑을 느끼는 거다. 화원에서 다른 꽃들과 어울려 아름다움을 뽐내던 프리지어는 난데없이 종이로 감기고, 철사로 묶여 리본까지 싸매니 갑갑했던 거다. 어리둥절했던 프리지어가 잠시 향기를 잃은 것처럼, 예쁘다는 칭찬에 기쁨에 겨워 맘껏 향기를 내뿜던 난도 별안간 생살을 찢기며 놀라고 아픈 마음에 향기마저 잃어버린 거였다.

사람도 저마다 독특한 향기를 지니고 있다. 향기와 냄새는 어감부터 다르다. 반복적인 일상의 생활 이미지가 냄새에서 맡아진다면, 향기에서는 모처럼 있는 주말 나들이나 전시회 관람 같은 문화의 이미지가 풍겨 온다.

꽃은 고통 속에서 잠시 향기를 잃는다. 그러나 사람은 뜻하지 않은 일에 부닥쳤을 때 자신만의 진한 향기를 만들어 낸다. 그것은 그 사람의 본성, 깊게 잠재된 내면에서 저절로 우러나오는 독특한 향기다. 조화롭게 꽃을 피운 화초를 아낌없이 나눠주는 주인장을 보면서 나는 사람의 향기를 느꼈다. 화초 잎으로 과일 접시를 장식할 줄 아는 주인장의 반짝이는 아이디어도 생활에 멋을 더할 줄 아는 그녀만의 아름다운 향기가 아니겠는가!

가지가 찢긴 채 향기 잃은 화초를 본다. 향기는 잃었으나 가지는 싱싱하다. 서둘러 분을 준비해 정성스럽게 심는다. 이 화초가 잘 자라 꽃이 피면 내 집에도, 이 꽃을 분양받은 다른 회원들의 집에서도 꽃향기가 아름답게 피어나리라.

향기도 나누면 커진다. 애기나리가 잘 자라 꽃향기가 절정에 이르는 날, 정다운 이들을 초대해 아름다운 향기를 함께 나눌 수 있기를 상상해 본다. 그때쯤이면 나의 일상에서도 새록새록 고운 향기가 피어났으면 좋겠다. 생활이 바로 향기가 되는 그런 멋스런 사람이고 싶다. 생활이 시詩가 되는 사람, 그런 사람이고 싶다.

(2009년)

신발에 대한 명상

비밀번호를 누르고 현관에 들어선다. 다섯 식구의 신발이 와글와글 자리다툼이 치열하다. 신발장 밖으로 나와 있는 신이 너무 많다. 막내는 급하게 들어왔는지 신발 한 짝은 현관문 앞에, 다른 한 짝은 내 슬리퍼 위에 엎어져 있다. 운동화를 좋아하는 둘째의 고만고만한 운동화들도 각각 다른 색깔을 뽐내며 현관의 한쪽을 차지하고 있다.

현관은 가족의 얼굴이다. 깔끔하게 정리가 돼 있고 가지런히 놓인 신발이 있는 현관은 그 집에 대한 인상을 좋게 한다. 커다란 사이즈의 운동화가 있는 집엔 장성한 아들이 있고, 앙증맞은 아기 신발이 있는 집엔 어린아이가 산다. 굽이 닳은 신사화를 보면 바쁜 가장이 떠오르고, 점잖은 힐을 보면 안주인의 모습이 짐작된다. 뾰족구두의 날렵한 디자인만 봐도 신발 주인의 면면을 가늠할 수 있다.

드라마에서 보았다. 혼자 사는 여주인공이 남자 구두와 운동화를 호신용으로 현관에 내놓는 장면이었다. 일인가구가 많아지고 있는 요즘 배워볼 만한 지혜인 것 같다. 세상이 험악하다 보니 혼자 집에 있을 때 택배나, 우편물이 오면 덜컥 겁이 날 때가 있다. 이럴 때 현관에 남편의 신발이라도 있으면 조금 위안이 된다.

신발은 패션의 마침표다. 예쁘게 화장을 하고 머리 모양을 다듬고 좋은 옷을 입어도 신발을 잘못 신으면 옷발이 살지 않는다. 그날 모임의 성격에 따라 옷차림에 맞는 신발을 골라 신어야 한다. 신발을 잘 신어 팔자를 고친 신데렐라 같은 행운의 주인공이 있긴 하지만 내겐 신발 때문에 곤란했던 기억이 더 생생하다.

어느 날, 제법 높은 구두를 신고 출근을 했다. 평소 부담스러워서 사놓고 신지는 않던 구두였다. 그날따라 직장에서 외근을 나갈 일이 있었고, 주차가 어려워 버스를 이용했다. 그래서 평소보다 좀 많이 걸었다. 구두가 신발장 안에서 혼자 닳고 있었는지, 날씨가 더워 그랬는지, 갑자기 밑창이 몽땅 흘러내려 덜렁거렸다. 간신히 약속장소에 도착하여 회의를 마쳤으나 진땀깨나 흘려야 했다. 약속 시간에 늦은 것은 물론이요, 회의 중에도 신발에 신경이 쓰여 집중이 되질 않았다. 마침 그 사무실에 근무하는 분 중, 나와 사이즈가 맞는 분이 여분의 신발을 갖고 있어 그것으로 바꿔 신을 수 있었다. 창피한 것은 물론이요, 나중에 신발을 돌려주려고 재차 시간을 만들어 방문하느라 번거로웠던 기억이 있다.

신발은 때로 배반의 상징이 되기도 한다. 남자친구가 입대하는 날, 훈련소까지 배웅을 나가 떨어지지 않는 발길을 돌리며 눈물을 흘리던 그녀가, 하루가 멀다고 매일같이 달달한 안부 편지를 띄우던 사람이 제대도 하기 전에 고무신을 거꾸로 신는 것은 옛날 얘기이고, 요즘은 군대에서 군화를 거꾸로 신어서 여자를 울리는 나쁜 남자들이 더 많다고 한다.

신발은 주인과 하루를 함께한다. 바닥과 인체 사이에서 체중을 지탱한다. 종일 끌려다니다 현관에 와서야 편히 쉴 수 있다. 드라마 속 여자가 내놓은 남자 신발은 주인이 없으니 외출을 할 수가 없다. 현관을 지키는 게 유일한 제 소임이다. 아침저녁으로 제 주인이 현관을 드나들 때 잠시나마 바깥바람을 쐴 수 있다.

핸드백을 내려놓고 신발을 정리한다. 엎어져 있는 신발을 바로 놓고 짝을 맞춰 신발장을 열어 정리한다. 다섯 식구의 신발이 용도에 따라 참 많기도 하다. 구두, 운동화, 샌들, 등산화, 슬리퍼 등 모두 합쳐 백 켤레는 될 듯싶다. 신고 있던 신발을 벗어 외출하기 쉽도록 돌려놓고 바라본다. 신발에서 놓여난 발도 좋다며 아우성을 치는 것 같다.

짝을 맞춰 늘어선 신발들이 가족의 얼굴처럼 정겨워 보인다. 마치 오늘 자기들이 다녀온 곳이 어디였는지 도란도란 하루의 이야기를 들려줄 것만 같다. 발에 맞게 적당하게 늘어나고 해지고 먼지 묻은 신발에서 저마다 분발했던 하루의 모습이 보인다. 다섯 식구가 하루 동안 걸어온 거리를 이으면 얼마만큼이나 될까!

종종거리며 서두르기도 하고, 주뼛거리며 주저하기도 했을 발걸음을 생각해 본다. 내일부터라도 성큼성큼 거침없는 걸음걸이로만 걸었으면 좋으련만 사람 사는 일이 어디 그렇게만 된다던가! 문을 닫고 발에게도 신발에게도 길었던 하루를 접는다.

(2013년)

콩깍지

TV에서 「체인지」란 프로를 보았다. 개그맨 정종철 편이었다. 특수 분장으로 얼굴을 바꾸고, 키높이 신발을 신어 겉모습이 바뀐 남편을 아내는 쉽게 알아보지 못했다. 주인공이 편지를 읽어주고, 노래를 부르며 아내에게 사랑과 고마움을 표현하는 장면에서 아내는 결국 눈물을 흘리며 남편의 품에 안겼다. 키가 훤칠하고 얼굴도 예쁜 아내와 결혼한 정종철 씨는 자신이 "대한민국 못생긴 남자들의 희망이 되었다."면서 너스레를 떨었다. 프로그램이 방영되는 내내 두 사람의 진한 사랑과 굳은 믿음을 고스란히 느낄 수 있었다. 웃자고 보는 오락프로이면서 출연한 부부는 물론, 극장에 있던 많은 관객들까지 함께 울게 만드는 정체성이 모호한 방송이었다.

특이한 것은 그의 아내가 정종철의 얼굴과 탤런트 이서진의 얼굴이 한사코 닮았다고 생각한다는 점이다. 정종철이 머리를 좀 기르면 이서진의 모습이 되고, 둘이 실제로 너무도 흡사하다는 주장이었다. 화면에서는 이서진과 정종철의 얼굴을 비교해서 보여주기도 하고, 이서진의 긴 머리와 정종철의 얼굴을 합성한 우스꽝스런 사진을 화면 가득 내보내고 있었다. 사회자의 계속되는 유도 질문에도 아내는 '다시 태어나도 정종철을 선택하겠노라.'며 당당하게 말하고 있었다.

사랑을 하면 눈에 콩깍지가 씐다는 말은 맞는 말인 것 같다. 남자와 여자가 만나 사랑을 하고 결혼을 하기까지의 일련의 과정들은 절반은 이미 운명이다. 세상의 많고 많은 사람 중에서 오로지 그 남자, 그 여자여야만 하는 필연. 그것이 바로 콩깍지가 아닐까. 결혼 초기, 얼마간은 정말 세상의 그 어떤 사람보다도 자신의 상대가 가장 완전해 보인다. 두 사람은 서로가 서로에게 특별한 의미를 부여하고, 상대가 내 인생의 전부라 여기며, 모든 일상을 온통 환한 분홍빛이라 생각한다. 그러나 이 콩깍지는 정도의 차이는 있겠지만 결국 벗겨지는 날이 온다. 생활이라는 것은 분홍빛 한 가지로만 그리는 단순한 그림이 결코 아니기 때문이다.

살면서 상대의 적나라한 일상과 마주치게 된다. 차츰 눈을 덮었던 엷은 막들이 하나씩 떨어져 나가고 상대가 또렷하게 보이기 시작한다. 얼마간은 심한 갈등을 겪는다. 자기의 선택에 대해 다시 한 번 생각하게 된다. 주위에서 했었던 충고도 그제야 생각이 난다. 그러나 갈등은 오래가지 않는다. 이미 엎질러진 물이다. 특별하게만 여겼던 내 반쪽도 다른 평범한 사람들과 다를 게 없다는 걸 인정하게 된다. 그래서 편해진다. 별로 꺼릴 것도 없어지고, 싸울 일도 없어진다. 잔잔한 수면처럼 평화로운 일상들이 찾아온다. 그렇게 삶의 두 번째 라운드가 시작된다.

살면서 두 사람의 마음이 통한다는 걸 느낄 때가 있다. '오늘은 이 음식이 먹고 싶다.'고 생각만 했을 뿐인데 퇴근하는 남편이 바로 그 음식이 먹고 싶다며 먹으러 가자고 할 때가 그렇다. 쓰던 물건이 말썽일 때 지나가는 말로 "이거 고장 났네."라고 했을 뿐인데 며칠 후, 감쪽같이 고쳐진 물건을 볼 때 아내의 마음은 따뜻해진다. 말하지 않아도 뜯어졌던 바지 밑단이 말끔하게 정리된 옷을 입으면서 남편의 마음 또한 환하게 밝아진다.

그러나 항상 마음이 잘 통하는 것은 아니다. 살다보면 상대가 너무 편하다는 이유로 오히려 서로에게 함부로 대하기도 하고, 때로는 하지 말아야 할 실수를 하기도 한다. 고쳐달라고 노래를 불렀던 물건도 나 몰라라 할 때가 있고, 단추가 떨어진 채로 널부러진 셔츠를 며칠씩 보아야 할 때도 있다. 그렇다고 악다구니를 쓰며 싸울 필요는 없다. 고장 난 물건은 서비스센터에 맡기면 되고, 단추 없는 셔츠는 다른 셔츠로 바꿔 입으면 된다. 살면서 그렇게 자잘한 문제들을 대수롭지 않게 넘길 줄 아는 지혜를 차츰 터득하게 된다.

그러다 상대가 가여워지는 때가 온다. 연민이라는 또 다른 콩깍지가 씌워지는 순간이다. 부부는 서로를 속속들이 알게 되고,

그래서 상대가 별 볼일 없는, 나와 너무도 닮아서 '거울을 보는 것 같은 느낌'이 드는 때가 온다. 신혼 때와는 달리 남편이 밤이 늦어 귀가하지 않아도 '뭐 바쁜 일이 있겠거니.' 여기게 된다. 그렇게 믿음은 더욱 단단해지고, 상대를 있는 그대로 인정하게 된다. 그렇게 부부의 사랑도 가정이란 항아리 속에서 술처럼 향기롭게 익어간다. 서로 다른 재료가 모여 부글거리며 한바탕 발효 과정을 거치고 나면, 말갛게 제 빛깔로 우러나는 맛 좋은 술이 되는 것처럼 그렇게 서로에게 동화되는 것, 그것이 부부다. 시퍼렇게 살아있는 열정이든, 대책 없는 믿음이든, 가여움의 연민이든 그건 사랑의 또 다른 모습이며, 제 눈에 맞는 색깔 다른 안경일 뿐이다.

우리들 인생 자체가 한바탕 아이러니다. 별것도 아닌 일에 마음을 다치고, 작은 배려에 감동받기도 한다. 웃자고 본 프로에서 사람을 좀 울린들 무슨 상관이겠는가.

(2008년)

봄이 오는 들길에서

봄은 사람의 마음을 들썩이게 한다. 남으로 난 창으로 밀물처럼 쏟아져 들어오는 황금빛 햇살이 좋다. 밖으로 나오라고 속살거리는 것 같다. 꽃샘추위가 몇 차례 다녀간 뒤라 따뜻한 햇살의 유혹이 싫지 않다.

마음이 답답할 때나 운동량이 부족하다 싶을 때면 운동화를 챙겨 신고 집을 나선다. 이곳으로 이사 온 어느 날, 나는 좋은 산책로를 발견했다. 아주 가끔씩 자동차가 지나가기도 하지만, 계절마다 조금씩 변하는 곡식들의 모습을 볼 수 있는, 비교적 한적한 길이다. 농수로가 연결된 하천의 방죽 위로 난 길은 물소리가 더없이 평화로운 길이다. 운 좋은 날에는 그 길에서 떼를 지어 날아오르는 철새들의 힘찬 날갯짓도 볼 수 있어 더욱 좋았다.

전에 살던 동네에서는 일봉산이 가까워서 그곳으로 산책을 가곤 했다. 그러나 몇 해 전부터 산허리를 자르고 그곳에 중학교가 새로 들어서는 바람에 등산로가 폐쇄되고 말았다. 그래서 새로운 산책로를 궁리하던 끝에 남부대로 아래를 지나 사람들이 뜸한 길을 택해 산책을 나오곤 했다. 그러다 이사를 온 후로는 아예 들판의 한가운데를 가로지르는 이 길이 내 단골 산책로가 된 것이다.

추위를 많이 타는 터라 겨울엔 산책을 하기가 힘들었다. 그래서 무척 오랜만에 산책을 나갔다. 맑은 바람과 작은 봄꽃들, 들판 가득히 피어오르는 아지랑이를 기대했다. 봄 농사 준비로 갈아엎은 논에서 나는 푸근한 흙냄새도 맡아보고 싶었다. 그러나 들판의 풍경은 나의 기대와는 너무도 달랐다. 새로 짓는 아파트 부지에서 나온 흙들은 멀쩡한 논 위에 생경한 산을 하나 만들어 놓았다. 언덕 위에 촘촘하게 심어졌던 배나무들은 한 그루도 남김없이 베어지고 없었다. 어리둥절해 하며 걸어가다 보니 논 위로 여러 대의 포클레인이 지나다니고 흙을 실은 트럭들이 먼지를 날리며 농로를 가로지르고 있었다. 또 그 옆에는 유적조사를 하는지 논바닥을 사방으로 반듯하고 넓게 파놓은 곳이 여러 군데 보였다. 그제야 얼마 전 택지지구를 조성한다는 소식을 들은 기억이 났다.

인간은 본능적으로 자연과 함께하기를 원한다. 그러나 우리가 살아가는 이 세상은 눈앞의 편리함만 보고, 멀어지는 자연을 못 보는 것 같다. 온통 공사장으로 변해버린 들길을 맥없이 걸어가다 보니 문득 어디선가 '이러 이러' 하며 소를 모는 아버지의 목소리가 들리는 것 같았다.

이른 아침을 드신 아버지는 소를 몰고 쟁기를 짊어지고는 뒷골 너머 '고랫골' 논으로 가셨다. 새참 때가 되면 어머니는 반 되들이 양은주전자에 막걸리를 담아 나에게 심부름을 보내셨다. 고추장 종지에 멸치 몇 마리를 담아 주전자 뚜껑 위에 얹어 주시면 종종걸음으로 '고랫골'로 향했다. 조팝나무 꽃이 하얗게 피고 청미래 넝쿨의 새 가시가 아직 순하던 때였다. 찰랑거리는 주전자를 들고 동네를 휘돌아 뒷골로 넘어갔다. 찔레 순을 꺾으려고 길섶에 멈춰 서면 인기척에 놀란 꿩들이 퍼덕거리며 놀라 달아나던 길이었다. 뻐꾸기는 왜 그리도 목 놓아 울어대던지, 타박이며 걸어가던 내게 무섬증마저 들게 했다. 뒷골 넘어 저수지를 지나고 큰 재실을 지나 논으로 가는 오솔길에 접어들면 빽빽한 나무들 속에서 금방이라도 외뿔 도깨비가 튀어나올 것만 같았다. 달음박질치다시피 얼른 그 고개를 돌아가면 비탈을 따라 논두렁이 꼬불꼬불 그림처럼 펼쳐진 우리 다랑논이 보였다. 구부러진 논두렁을 따라 아버지가 갈아엎은 흙들도 구불구불 살아 움직이는 것처럼 보였다. "아부지, 참 드시고 하세요!" 하고 부르면 아버지는 "워, 워!" 하며 소를 세우고 논둑으로 올라 오셨다. 논두렁에 척 걸터앉아서 막걸리를 부었다. 첫 잔은 조금만 부어 논에다 '고수레'를 하며 뿌리고, 다시 한 잔 가득 막걸리를 부어서는 단숨에 들이켜곤 하셨다. "어, 시원타!" 하시며 담배 한 대를 꺼내 태우며 그제야 주위를 여유롭게 한바퀴 둘러보곤 하셨다. 그때쯤이면 논을 가느라 힘들었던 우리 누렁이도 논두렁의 풀을 뜯으며 잠시 쉴 수가 있었다.

택지지구로 지정된 이 지역은 이제 영영 농사는 지을 수가 없는 모양이다. 산책길 주변 넓은 들 어디에도 봄 농사를 준비하는 농부의 흔적은 발견할 수 없다. 그런 사정을 아는지 모르는지 길가에는 어김없이 제비꽃과 쑥, 냉이 같은 어린 봄나물들이 한가로이 봄볕을 쬐고 있다. 포클레인이 뒤집어 놓은 맨살 같은 붉은 흙 위로 아버지가 갈아놓은 구불거리던 다랑논의 살진 흙이 자꾸만 겹쳐 보이는 것은 왜일까?

지난여름부터 보아온 들판의 아름다운 모습들은 이제 흑백의 사진으로 내 마음 속에만 고이고이 갈무리해야 할 것 같다. 평화롭고 비밀스럽던 나의 시간들도 결국 영원한 것은 아니었나 보다.

(2006년)

걷기 좋은 길

북한산 산행을 다녀왔다. 수도에 위치한 국립공원답게 수려하면서도 품이 너른 산이었다. 건강 때문인지 단풍 때문인지 산을 찾은 행렬로 산길이 미어질 지경이었다.

좋은 경치를 감상하며 건강한 두 발로 걸을 수 있다는 건 참 감사할 일이다. 한발 한발 땅을 디뎌 산을 오르다 보면 온몸으로 대지의 온기가 푸근하게 전해져 오는 것만 같다. 몸 안의 세포들이 일제히 깨어나 맑은 공기에 환호하며 저마다 꿈틀대는 느낌이 든다. 그 상쾌한 기분을 한번이라도 느껴본 사람은 또다시 산을 찾게 된다. 그래서 도시 주변의 산은 늘 사람들로 붐빈다. 집 가까이에 산이 있다는 건 큰 행운이다.

내가 사는 용곡동에는 산이 없다. 저녁 무렵 아파트 주변을 팔을 휘저으며 빠르게 걷는 사람들을 흔히 본다. 차들이 내뿜는 매연을 피해 아파트 헬스장에서 다람쥐 쳇바퀴 돌듯 기계 위에서 걷는 방법도 있지만 왠지 답답하다. 좋은 공기도 마시고 아름다운 풍경도 보고 더불어 건강도 좋아지는 방법은 없을까?

내가 찾아낸 방법은 시골길 걷기다. 이사 올 당시만 해도 이곳은 아직 개발이 덜 된 곳이라 시골 풍경이 남아 있었다. 아파트 단지에서 조금만 벗어나면 정겹게 천안천이 흐르고 있다. 천안천을 끼고 있는 자갈길을 걷다 보면 두루미, 물오리 같은 새들을 흔하게 볼 수 있었다. 돌아오는 길엔 벼들이 자라는 들판을 감상하며 작은 풀꽃들과도 눈을 맞출 수 있는 정겨운 산책길이었다. 그러나 '신방택지지구개발사업'으로 터 닦기가 시작되면서부터 포클레인이 들락거렸다. 정겹던 시골길은 파헤쳐진 흙더미에 묻히고 이제는 철새들도 보이지 않았다. 공사 먼지 때문에 더 이상 산책을 다닐 수 없게 되었다.

서울의 청계천에 가 본 적이 있다. 생활하수가 흐르던 하천을 깨끗이 정비하고 시민들의 휴식처와 문화공간으로 새롭게 태어난 청계천이 무척 부러워 보였다. 부산에 내려갔을 때도 온천천에 맑은 물이 흐르고, 아이들이 바지를 걷어 올리고 물속에서 첨벙대며 놀고 있는 풍경을 보았다. 도심에서 찾아낸 자연의 풍경이 청량제처럼 신선한 느낌으로 다가왔다.

천안도 천안천을 개발하여 시민의 휴식처로 만든다는 말을 들었다. 나무가 우거지고 깨끗한 물이 흐르는 천변을 따라 즐겁게 걸어가는 상상을 하니 저절로 기분이 좋아진다. 천변 주위에는 나무를 많이 심으면 좋겠다. 구간 별로 봄·여름·가을·겨울, 이렇게 테마별로 꾸며 보는 건 어떨까? 천변 주위에 자투리땅이 있으면 시민들에게 주말농장으로 대여를 해도 좋겠고, 가로수 아래 화단도 시민들에게 분양해서 각자 개성대로 가꿔보게 하는 것도 재미있을 것 같다.

봄이면 하얀 꽃비가 내리는 그 길에서 사람들의 마음에도 살구빛 꽃물이 들겠지. 여름이면 나무가 만들어주는 풍성한 그늘이 사람들의 땀을 식혀주고, 가을엔 가로수에 열린 붉은 감이나 사과를 보면서 계절 감각을 느낄 수도 있겠다. 겨울엔 하얗게 눈 내린 산책로를 걷다가 꽁꽁 언 얼음에서 코가 빨개질 때까지 썰매를 타보는 것도 좋겠다.

천변을 따라 새로 생길 길에는 절대로 차가 다닐 수 없었으면 좋겠다. 자전거만 다닐 수 있는 자전거 도로와 운동 삼아 걸을 수 있는 넓지 않은 길이어야 한다. 자전거를 타는 사람들과 걷는 사람들이 충돌하는 일이 없도록 길은 따로따로 내는 것이 좋겠다. 매연 걱정 없이 마음 편히 걸을 수 있는 도심의 산책로, 자연을 느낄 수 있는 진정한 시민들의 휴식처를 만들기 위해서는 시민들의 참여와 협조가 있어야 한다.

충주에는 사과나무가 가로수로 심겨져 있다. 그러나 아무리 탐스럽게 익은 사과라도 충주 시민들은 아무도 따가지 않는다고 한다. 충주시의 특산물인 충주사과를 알리기 위해 심어진 이 사과는 가을이면 충주 시민들이 동참해 함께 수확하고, 저온 창고에

보관했다가 사회복지 시설로 보낸다고 한다. 참 부러운 풍경이다. 우리도 천안의 특색을 살려 호두나무를 심는 것도 좋겠다는 생각을 해 본다.

새로 생길 천안천 공원은 산이 멀어 자연을 접할 수 없었던 많은 시민들에게 희소식이 될 것이다. 그곳은 도심 속에서도 추억처럼 시골을 느낄 수 있고, 풍성한 자연의 품에서 사람들의 마음도 순하게 정화되어, 운동하다 마주치는 시민들끼리 반가운 인사도 나누는 옛 빨래터 같은 공간이 되었으면 좋겠다.

(2009년)

교회 춘추전국시대

어린 시절, 시골 예배당에서 맑게 울려 퍼지던 교회 종소리가 생각난다. 교회당은 뾰족지붕 위에 십자가가 높게 세워져 있었고, 마을 회관보다도 넓은, 근동에서 제일 큰 집이었다. 교회에서는 크리스마스 무렵이 되면 연필과 공책, 떡이나 과자 같은 학용품과 간식들을 나눠주곤 했다.

우리 동네에서는 딱 한 가족이 교회에 다녔다. 교회 종소리가 울려 퍼지는 일요일 오전, 그 집 아저씨와 아주머니가 나란히 좋은 옷을 입고, 성경책을 옆구리에 끼고서 마을 큰길을 따라 교회에 가는 모습은 한 폭의 서양화처럼 매우 이색적이면서도 아름다운 모습이었다.

며칠 전, 집들이를 했을 때의 일이다. 모처럼 새집으로 이사도 했고, 마침 다음 주 목요일이 친정어머니 생신이었다. 돌아오는 토요일 집들이와 생신잔치를 함께하기로 마음을 먹고 친정 큰오빠에게 전화를 넣어 그 뜻을 전했더니 흔쾌히 승낙을 했다. 생각을 해보니 마흔이 다 되도록 어머니 생신상을 직접 차려보는 것은 처음이었다. 서둘러 이 소식을 다른 형제들에게도 전했다.

그럭저럭 토요일이 되었다. 마음은 바쁘고 종일 서서 이것저것 챙기다 보니 몸에 익지 않은 일이라 고단했지만 어머니 생신상을 내 손으로 차려 본다는 것이 즐거웠다. 남편은 '축 생신'이란 글자를 컴퓨터로 뽑아서 거실 유리창에다 붙여놓고, 막내를 시켜 할머니께 드릴 편지도 쓰게 하면서 나름대로 손님 맞을 준비를 하고 있었다.

근사한 생일상이 차려지고, 큰오빠 가족이 시간에 맞춰 도착했다. 못 올 것 같던 작은오빠 가족의 방문은 더욱 반가웠다. 식사를 하고, 생일케이크도 자르고, 아이들 노래도 듣고, 가족들과 함께하는 시간이 행복했다. 아이들 자라는 이야기도 하고, 시골 농사 작황 이야기도 하고, 집 장만하느라 고생했다는 덕담도 들었다. 저마다 밀린 이야기보따리를 풀어놓느라 시간이 가는 줄 몰랐다.

저녁 열 시가 가까워오자 작은오빠가 슬그머니 일어섰다. 일요일 아침 일찍 교회에 가야 한다는 것이었다. 오빠가 교회에 다닌 것은 오래되지 않았다. 올케는 결혼할 때부터 교회에 다니고 있었지만 오빠는 교회에 다니지 않았었다. 그런데 2~3년 전부터 교회에 나가기 시작하더니 그 좋아하던 술 · 담배도 딱 끊고 영 딴 사람이 되었다. 그걸 제일 반기는 사람은 친정어머니였다. 술•담배를 즐기시던 아버지가 병을 얻어 돌아가셨기 때문인지 엄마는 교회를 가든 어디를 가든 술•담배 끊었단 말만 제일로 쳤다.

엄마는 이왕 갈 거면 얼른 가라고 했다. 만류하는 눈빛에도 작은오빠가 일어서자 큰오빠가 한마디했다. 꼭 지금 가야 하느냐고, 내일 천안에 있는 교회에 가면 되지 않겠느냐고 했다. 그건 내 생각도 그랬다. 포항에서 천안까지 몇 시간을 힘들게 와서는 겨우 두어 시간 앉았다가 간다니 너무 섭섭했기 때문이었다. 우리들의 만류에도 작은오빠는 교회에서 맡은 일이 있어서 꼭 가야 한다며 일어났다. 작은오빠 가족이 가 버리자 남은 가족들은 한쪽 귀퉁이가 잘려나간 듯 허전함을 느껴야 했다.

깊은 밤, 베란다 밖을 바라본 적이 있다. 좀 많다 싶어서 불 켜진 십자가를 세어 봤더니 열 손가락이 꽉 차고도 넘쳤다. 평일에 조용히 집에 앉아서 모처럼 책이라도 읽을라치면 어김없이 초인종 소리가 들린다. 나가 보면 '예수님 믿고 구원을 받으라.'는 교회에서 나온 아주머니들이다. 현관문에 붙여놓은 교회의 스티커들도 다른 식당의 광고지만큼 흔하게 볼 수 있는 것들이다.

새 아파트로 이사를 오니, 아파트 입구에서 포장을 치고(포장에는 교회 이름이 적혀 있었다.) 아이들에게 핫도그며 어묵을 공짜로 나눠주고 있었다. 주말에 교회에 나오라는 홍보 차원이었다. 뚝딱뚝딱 새 건물을 짓는 곳은 아파트 아니면 교회 건물이다. 가히

'교회춘추전국시대'라고 해도 과언이 아니다. 내 주변에도 교회에 다니는 사람들이 많다. 오히려 다니지 않는 사람을 손에 꼽아야 할 정도다. 교세의 확장이 대강 1950년 한국전쟁 이후부터라고 그 시기를 늦춰 잡아도 그 성장은 정말 놀라운 것이라 할 만하다.

개개인마다 종교의 자유가 있고, 또 기왕에 믿는 바에야 철저하게 열심히 믿는 것도 좋은 일이라고 생각한다. 그렇지만 대부분의 사람들에겐 매인 직장이 있고 주말에라야 시간이 난다. 일요일에는 꼭 교회에 나가야 하는 종교의 특성을 모르지는 않는다. 그렇지만 일 년에 한번 있을까 말까 한 가족행사를 일요일을 빼버리면 언제로 일정을 잡아야 할 것이며, 그렇다고 모두가 교회를 핑계로 참석하지 못한다면 멀리 떨어져 사는 가족들은 언제 한번 만나서 느긋하게 서로의 정을 나눠 볼 수 있단 말인가!

그날 저녁, 그렇게 작은오빠를 보내고 난 후부터는 교회의 십자가가 가족들의 화목을 싹둑싹둑 잘라놓는 커다란 가위쯤으로만 느껴져서 자꾸만 눈이 흘겨진다. 그렇거나 말거나 오늘 밤도 교회의 십자가는 이곳저곳에서 밝게 빛나고 있다.

(2006년)

해운대를 걸으며

해운대를 끼고 밤길을 걷는다. 밤바다는 쉬지 않고 뒤척이고, 3월의 바람은 아직 쌀쌀하다. 운동을 나왔는지 부부로 보이는 초로初老의 남녀가 다정스레 걸어간다. 그 뒤로 얼굴 검은 남자들이 낯선 언어로 호기롭게 떠들며 이국의 밤을 즐기고 있다. 밤바다를 배경으로 대학생으로 보이는 젊은이들이 삼각대 앞에서 기념촬영이 한창이다. 한쪽엔 가방이며 쇼핑백이 수북이 쌓여있다. 연신 셔터를 누른다. 싱그러운 청춘이 추억으로 저장된다.

교복을 입은 여학생 하나가 천천히 모래밭으로 들어선다. 하얀 종아리가 검은 바다를 배경으로 또렷한데 훤칠한 키 또한 돋보인다. 뚜벅뚜벅 걸어가는 뒷모습이 왠지 마음에 와 박힌다.

호텔을 돌아 동백섬으로 간다. 운동을 즐기는 사람들이 제법 많다. 빠른 걸음으로 뛰다시피 걷는 사람, 천천히 자신의 발소리를 들으며 걷는 이들, 환자복을 입고 그 위에 잠바를 걸친 채 뒤뚱뒤뚱 불편한 걸음을 걷는 사람들도 있다.

아름드리 소나무 숲 사이로 언뜻언뜻 밤바다가 보이고 도시의 높다란 아파트의 불빛들이 별빛을 지우고 있다. 멀리 광한대교가 보인다. 휴대폰 카메라로 포커스를 맞춰보지만 풍경은 멀어 어둡고 희미하다. 발밑으로 송이째 뚝뚝 떨어진 동백꽃을 주워든다. 떨어지기엔 아직 아까울 정도로 싱싱하다. 세찬 봄바람이 문득 야속해진다.

앞서가는 사람은 부자父子로 보인다. 아침 일찍 일어나야 하느니, 요즘은 때리는 건 없다느니 하는 이야길 들으니 아들이 군 입대를 앞두고 있나 보다. 아빠보다 머리 하나는 더 있어 보이는 아들의 뒷모습에 아직 어린 티가 묻어있다. 뒷짐을 지고 걷는 아버지의 모습에서 걱정을 읽는다. 입대를 앞두고 여행이라도 왔는지, 아들이 멘 배낭이 제법 불룩하다. 점퍼 밑으로 드러난 아들의 다리가 유난히 가늘고 길어 보인다.

동백꽃처럼 무심히 왔다가 제풀에 지는 생각들을 뒤적이며 걷다보니 이내 다시 바다가 보이는 길에 다다른다. 멀리 등대 불빛이 몇 초 간격으로 깜박인다. 파도 소리가 정겹다. 아까 보았던 키 큰 여학생은 아직도 백사장을 거닐고 있다. 좀 전보다 고민이 더 깊어 보인다.

바닷가라 그런지 바람이 맵다. 옷깃을 여민다. 멀리 반바지에 반소매 운동복을 입은 젊은이들이 뛰어 온다. 마음속으로 그들의 젊음에 박수를 보낸다. 금실 좋은 중년의 부부가 두 손을 마주 잡고 걸어온다. 문득 집에 있는 가족들을 생각하니 미안한 생각이 든다.

3박4일 일정으로 교육에 참가하기 위해 해운대에 왔다. 평소 듣고 싶던 교육이었지만 직장에 다니며 4일씩 자리를 비우는 건 허락되지 않았다. 어렵게 직장에 들어갔고 그곳에서 꿈을 키워보고 싶었으나 쉽지 않았다. 대안을 생각해 보았으나 답은 보이지 않았다. 과감하게 사표를 던졌다. 마치 교육에 참가하려고 직장을 그만둔 것처럼 서둘러 참가신청서를 냈고 훌훌 가벼운 마음으로 떠나왔다.

이렇게 멀리 와 있으니 심각하게 생각했던 나의 하루도 다르게 느껴진다. 낯선 곳에서 낯선 사람들을 본다. 내가 보는 것은 내가 알고 느끼고 추측하는 것일 뿐 정확한 건 아니다. 시각적인 정보와 내 주관이 만들어 낸 허상일 뿐이다. 똑같은 일도 받아들이는 이의 마음에 따라 세모도 되고 동그라미도 되는 것이다. 역시 불구경하듯 힘든 일일수록 한발 물러나 생각할 필요가 있는 것 같다. 지난주까지 머릿속에서 복잡하게 얽혀있던 생각들이 차분하게 가닥이 잡힌다.

타인의 모습에 거울처럼 내 일상을 비춰보니 답이 보인다. 사람 사는 거 별거 없다. 다들 그렇게 복작대며 살아간다고 불빛들도 눈을 껌뻑인다. 봄은 더디 오는지 아직 바람이 차다.

(2013년)

생각을 담는 항아리

딸기만큼 잘 상하는 과일도 드물다. 씻은 딸기를 실온에 두면 반질반질하던 겉면이 금세 물러진다. 그러나 잼으로 만들어두면 몇 년을 둬도 끄떡없다.

딸기는 씻어 꼭지를 따고, 물기를 뺀 다음 냄비에 넣고 끓인다. 딸기가 익어 물러지면 기구로 눌러 으깬다. 딸기의 양만큼 설탕을 넣고 반지르르한 윤기가 돌 때까지 계속 저어준다. 주근깨가 귀엽던 딸기는 설탕을 만나 뭉글거리는 잼으로 모습을 바꾼다. 달큼하고 후끈한 열기가 보글보글 끓어오고 집안 가득 새콤한 딸기 향이 은은하게 퍼진다.

식품을 저장하는 방법은 다양하다. 시래기나 묵나물, 어포, 육포는 햇볕과 바람에 말린 것이다. 짭조름한 자반고등어를 비롯해 간장이나 된장, 장아찌와 젓갈에는 소금을 쓴다. 이는 우리 조상들이 오랫동안 애용하던 식품저장법이다. 이 밖에도 식초를 이용하는 초절임법, 연기로 살균하는 훈연법, 잼을 만들 때처럼 설탕이나 꿀을 이용하는 당장법도 있다.

식품의 재료나 만들고자 하는 음식의 종류에 따라 저장법은 달라진다. 환경과 기후에 알맞고 손쉽게 구할 수 있는 재료를 이용해 식품을 저장하는 것처럼, 어떤 일에 대한 이미지가 머리에 기억될 때에도 이와 다르지 않다. 사건을 받아들이는 사람의 감정이나 기분, 일이 일어난 시기나 장소, 대상에 따라 희로애락喜怒哀樂이라는 상이한 모습으로 기억의 항아리에 저장되는 것이다.

자녀가 있는 여자에게 엄마가 될 때의 기억은 각별하다. 내 몸속에 또 하나의 생명이 자라고 있다는 사실을 알게 되면 약간의 흥분과 긴장, 기대와 떨림이 찾아온다. 그러나 그것도 잠시, 평소 잘 먹던 음식이 싫어지고, 냄새에 예민해지면서, 침조차 삼키기가 불편한 입덧이 찾아온다. 점점 터질 듯 배가 불러오고, 걸레질과 머리감는 일이 버거워 버둥대기도 한다. 아기가 뱃속에서 바깥 세상에 대한 궁금증으로 자꾸만 태동을 전해오면 아기와 만날 날을 손꼽아 기다리게 된다.

아기와의 감격스런 첫 대면을 위해 산모는 기꺼이 몇 시간씩 산고를 치른다. 젖이 불어 돌덩이처럼 단단해져도 견뎌야만 한다. 낮밤이 바뀐 아기 때문에 자주 밤잠을 설치고, 못다 한 집안일이 쌓이듯 피로가 몰려온다. 보채는 아이에게 젖을 물리고 누우면, 엄마는 아이보다 먼저 잠들어버린다. 차라리 뱃속에 있을 때가 좋았다 싶을 때가 한두 번이 아니다. '이제 더는 아이를 낳지 않으리라.' 되뇌면서, '이 아이 하나만 훌륭하기 키우리라.' 다짐하게 된다. 그러나 엄마의 몸속에 또 다른 아기가 찾아오면 마음은 달라진다. 힘들었던 일들은 어느새 까맣게 잊어버리고 뱃속 생명에게 강한 애착을 느낀다. 마치 신이 주신 선물처럼 감사하는 마음이 든다. 그래서 겁도 없이 둘째도 낳고 셋째도 낳게 된다.

엄마에게 아이에 대한 기억은 꿀과 설탕으로 버무려 놓는 기억 저장법인지도 모른다. 아이를 키우느라 힘들었던 일들은 하얗게 지워버리고, 엄마가 되어 행복했던 추억만 떠올리게 하는 달콤한 마술을 부린다. 그러나 남편에 대한 기억은 좀 다르다. 설탕을 뿌릴 건지, 소금으로 절일건지 재료를 확실하게 구분하게 된다.

음식이 변하듯 우리의 기억도 시간이 지나면 희미해진다. 특히 사오십대 주부들은 그 정도가 심하다. 손에 전화기를 쥐고서 애꿎은 가방만 죄 뒤집어 놓기도 하고, 베란다나 부엌에 가서 '내가 무엇 때문에 여기 와 있지?' 할 때도 심심찮게 있다. 심지어 아침에 이를 닦았는지 안 닦았는지, 약을 먹었는지 안 먹었는지조차도 긴가민가할 때도 많다. 그러나 부부싸움을 할 때면 무슨 영문인지 여자들의 기억력은 슈퍼컴퓨터가 된다. 남편이 작은 꼬투리만 제공해 주면, 언제, 어디서, 무엇을, 어떻게, 육하원칙에 맞춰 시시비비를 따지고 들어 남편을 질리게 한다.

사소한 일상의 기억은 금방 만들어 먹는 겉절이나 샐러드처럼 기억저장장치에 전달될 것도 없이 흩어져버리는 휘발성 기억들이다. 그러나 남편이 했던 아픈 말이나 행동에 대한 기억들은 상처에 소금을 뿌려 절인 것처럼 쉽게 아물지 않는다. 대개 그것은 여자의 자존심과 관련된 일일 때가 많다.

소금으로 저장한 기억은 아프다. 그러나 푹 익은 멸치나 새우젓처럼 아픔도 잘 삭이면 어려움을 이겨내는 에너지가 된다. 여자가 엄마가 될 때 치르는 고난은 굵은 소금에 버무린 메주가 간장독과 된장항아리 속에서 맛좋은 장이 될 때 거치는 숙성과 발효의 과정일지도 모른다. 그리고 아내에게 남편은 무말랭이처럼 바짝 말라있다가도 적당량의 물기만 닿으면 금세 원래의 형태로 돌아가게 만드는 따뜻한 햇볕과 서늘한 바람의 원형일지도 모른다.

지금 이 순간도 시간은 흐르고, 우리는 누군가를 만나고, 관계를 맺으며 살아간다. 내가 한 말과 행동은 어떤 모습으로 기억될까? 설탕과 소금, 햇볕과 바람, 기억의 항아리 속에서 다양한 맛이 익어간다.

(2010년)

내 얘길 들어 봐

“송충이는 솔잎만 먹듯 변기는 변과 물만 먹습니다.” 어느 화장실에서 발견한 문구다. 사람의 손을 빌려 변기가 말을 하는 건지 변기의 입장에서 사람이 말을 하는 건지? 아무튼, 변기에 휴지를 넣지 말라는 말을 비유로 슬쩍 버무려 놓으니 그럴듯하게 들린다.

운전을 하고 가다 보면 자동차 뒷유리도 말을 한다. ‘아이가 타고 있어요.’, ‘까칠한 어른이 타고 있어요.’, ‘거침없이 직진 중!’, ‘어제 땄어요. 운전면허’, ‘당황하면 후진해요.’ 같은 문구들이다. 아이가 타고 있으니 너무 빨리 가자고 재촉하지 말란 소리요, 성격이 까칠해서 여차하면 싸울지도 모르니 덤비지 말란 말로 들린다. 운전면허 딴 지가 얼마 되지 않아 운전이 서투니 괜히 클랙슨 울려서 당황하게 만들지도 말고, 바쁘면 알아서 추월해 가란 말로 해석하면 무리가 없을 것 같다.

TV를 켜면 수많은 토크쇼를 볼 수 있다. 시시콜콜 다른 사람들이 살아가는 이야기를 듣다 보면 시간이 가는 줄도 모르고 빠져들게 된다. 아이들 키우는 이야기, 살림하는 이야기, 재산 불린 이야기, 다이어트 이야기……. 주제는 무궁무진하다. 드라마에서 멋진 사모님으로만 나오던 탤런트의 이야기도, 화려한 무대에서 빛나는 아이돌 가수의 이야기도 듣다 보면 평범한 우리와 별반 다를 게 없구나 싶어 위안을 받을 때가 있다.

옛날 같았으면 남의 이야기를 들으면 듣는 것으로 끝이었다. 그러나 요즘은 좀 다르다. 자신의 느낌을 프로그램 홈페이지에 댓글로 표현할 수 있다. 라디오에서는 실시간으로 올라오는 청취자의 반응을 바로바로 소개해 주며 방송을 진행하기도 한다. 스마트폰의 보급으로 많은 사람들이 시간과 장소에 관계없이 쓸 수 있는 조그만 컴퓨터를 하나씩 가지고 있기에 가능한 일이다.

요즘은 평범한 사람들도 사소한 일상을 다른 사람들과 공유하길 좋아한다. 소위 소셜네트워크서비스(SNS)의 활용이다. 트위터는 물론 페이스북, 싸이월드, 카카오스토리까지 종류도 다양하다. 맛있는 음식을 먹고 사진을 찍어 맛에 대한 감상평을 올리기도 하고, 자신이 돌아본 여행지에 대한 정보와 느낀 점을 공유하기도 한다. 젊은 주부들은 아이들의 성장과정을 기록하며 육아일기로 활용하기도 한다. 주말에 방문했던 장소에 대한 기록과 감상을 꾸준히 저장하고, 가족의 대소사도 신문기사처럼 작성해서 기록해 두면 추억과 함께 가족의 역사가 된다. 자신이 좋아하는 등산, 낚시, 운동, 요리 등의 취미생활을 기록해 두면 스스로 발전해 가는 과정을 볼 수 있어 유용하다.

그러나 요즘엔 SNS가 이상한 방향으로 변질되기도 한다. 친구들과 커피를 마시는 사진을 올렸다가 상사에게 '일은 다 했느냐?' 고 추궁을 당하는가 하면 상사가 올려 놓은 글에 아부하는 댓글을 다느라 고역인 경우도 있단다. 잘못 댓글을 달았다가 유행에 뒤처진 사람처럼 될까봐 '사진이 예쁘네요.', '맛있어 보입니다.' 같은 하나마나한 댓글을 다느라 시간을 허비하는 경우도 있단다. 생일날 어떤 선물을 받았고, 어디어디 좋은 곳을 여행하고 왔다는 글을 읽고 질투심을 자극하고, 자기 과시적인 글로 인해 상대적 박탈감도 주는 등 부작용도 적지 않다고 한다.

상사들은 아랫사람의 글을 읽고도 좀 모른 체해주는 건 어떨까! 시간을 많이 할애하지 않는 범위에서 조금 아부가 섞인 댓글도 나쁠 건 없을 것 같다. 약간의 빈말이 관계에 도움이 될 때가 분명 있으니까. 질투가 나고 상대적 박탈감이 느껴지면 그 느낌을 그대로 댓글로 남기면 된다. 그러면 글을 쓴 사람은 또 그에 대한 댓글을 달아 오해를 풀든지, 다음엔 그런 느낌이 들지 않도록 조심해서 글을 올리면 된다. 그러나 상대를 비방하거나 깎아내리기 위한 목적으로 쓰는 글은 곤란하다.

솔직하게 표현하고 남과 조금 다르게 기록하는 일은 즐거운 일이다. 일상에서 문득 마주친 재치 있는 글, 은근슬쩍 던지는 재미

있는 말 한마디는 우리를 웃음 짓게 한다. 소식이 뜸했던 지인이나 가족의 소식이 실시간으로 전송되면 반가운 마음이 먼저 든다. 일부러 시간을 만들어 전화로 소식을 묻지 않아도 어떻게 사는지 대충 짐작을 할 수 있기 때문이다. 맛집 정보나 여행정보도 유용하다. 소비자가 직접 먹어보고 체험한 정보라 신뢰가 가고, 여행정보는 주말계획을 세우는 데 도움이 된다. 다른 사람의 일상이 내 삶을 비춰보는 거울이 돼 주어 활기차게 살도록 하는 자극제가 될 때가 많다.

같은 음식을 먹고, 같은 곳을 여행해도 각자의 느낌과 표현방식은 모두 다르다. 위트와 풍자가 묻어나는 글, 유용한 정보가 있는 소식, 그래서 다시금 곱씹어 보게 되는 글과 말은 일상에 윤기를 준다.

(2013년)

어른

비 오는 가을날, 남편과 극장에 갔다. 흥미로 본 영화에서 뜻밖의 수확을 얻을 때가 있다. 이번이 그랬다. 마지막 40대를 아껴가며 누리고 있는 요즘, 어떻게 나이 들어가야 할지 고민이 많았다. 어른이란 무엇인지! 쉰이란 나이에 걸맞은 사람은 어떤 사람일지 많이 고민해 오던 차에 좋은 영화를 만나 얼마간의 해답을 얻었다.

영화의 제목은 「인턴」이다. 젊은 여사장(앤 해서웨이)이 경영하는 회사에 70대 노인(로버트 드 니로)이 인턴으로 들어간다. 회사를 창립한 지 18개월 만에 눈부신 성장을 이룬 회사다. 여사장은 잠자는 시간을 아껴가며 업무에 몰두한다. 처음부터 끝까지 사장의 손길이 가지 않은 일이 없을 정도로 모든 업무를 꼼꼼하게 챙긴다. 그러나 전문 경영인 출신이 아니라는 이유로 회사 동료와 투

자자들로부터 다른 CEO를 영입을 고려해 보는 것이 좋겠다는 충고를 듣는다. 자신이 쌓아 올린 공든 탑이 전문 경영인의 영입으로 무너져 버릴까봐 전전긍긍하지만, 충고를 받아들여 다른 경영인 영입을 위해 노력한다.

70대의 인턴은 전화번호부 제작회사에서 부사장까지 했던 인물이다. 컴퓨터를 잘 다룰 줄 모르고 일하는 방식도 구식이다. 특별하게 주어진 업무가 없어 사장의 업무지시가 있는지 항상 메일을 확인한다. 그러나 메일함은 항상 비어있다. 그러다 스스로 일을 찾아 나선다. 어질러진 책상을 치우고, 동료들에게 도움을 주기 위해 노력한다. 그러다 보니 그의 구식이고, 아날로그적인 업무처리 방식이 점차 동료들에게 호감을 얻는다. 젊은 동료들이 필요로 하면 어떤 결정이 좋을지 충고를 아끼지 않고, 인턴으로서 회사에 도움이 되기 위해 솔선수범한다.

나이가 많아 체력적으로 젊은이들만큼 따라가지 못함을 부정하지 않는다. 자신이 할 수 있는 만큼 일을 하고 도울 수 있는 만큼 돕는다. 여사장의 차를 운전하며 그녀의 사적인 면을 보게 된다. 그리고 진심어린 충고를 하고, 연륜에서 묻어나는 조언을 한다. 처음엔 회사의 이미지 관리 차원에서 별 기대 없이 '시니어 인턴'을 채용했다가 사장은 개인적 조력자이자 좋은 친구를 얻고, 나중에는 아버지처럼 의지하게 된다는 내용이었다.

영화를 보는 도중, 일자리센터를 찾아왔던 80대 노인과 영화에

등장하는 인물을 자꾸만 비교하게 되었다. 실제로 일자리센터를 찾는 분들은 6, 70대 어른들이 많다. 80대 어르신들은 드물다. 70세만 돼도 일자리가 없기 때문이다. 구인업체에서 '연령무관'으로 채용 공고를 올려도 실제 70대 어르신들이 일자리 지원을 위해 전화를 하면 '채용이 완료됐다.'고 하든지 '채용할 분이 이미 정해졌다.'고 하던지 핑계를 대며 채용하지 않는 것이 예사다. 그래서 연세가 지긋하신 어르신들이 오시면 '시니어 클럽'으로 안내를 한다. 이 80대 노인도 그렇게 '시니어클럽'으로 안내했던 분이었다.

그날도 일자리 센터로 들어오면서 목소리가 쩌렁쩌렁했다. 일자리가 있는데 왜 자기는 알선을 해 주지 않느냐는 것이다. 길을 가다가 본인보다 두 살이나 많은 노인을 만났는데 일을 하고 있다고 하더라. 그런데 어떻게 일자리를 찾았냐고 하니까 우리 일자리센터를 안내하더라는 것이다. 왜 그 노인은 알선을 하고 자신은 일자리를 해 주지 않느냐고 호통이다. 그래서 업체가 어디냐고 물으니 그건 또 모르시겠다고 한다. 업체를 알아야 우리가 알선한 이력이 있는지 확인이 가능하다고 했지만 막무가내다. 나이는 팔십이라도 아직 힘도 세고 정정해서 충분히 일할 수 있는데 왜 일자리가 없다고 하느냐고 사무실이 떠나가라고 호통을 쳐서 다른 구직자와 상담이 어려울 정도였다.

자리만 차지하고 앉아서 일자리도 알아봐 주지 않고 다들 못쓰겠다고 어린 자식 나무라듯 했다. 시장실로 찾아가서 시장을 만나야겠다며 으름장을 놓는다. '시니어클럽'은 가 보셨냐고 하자

가서 취업을 했는데 하루 만에 그만뒀다고 한다. 하루 다섯 시간 일을 했는데 새참을 주면서 먹지도 못하는 것을 줘서 담당자에게 "이렇게 힘든 일을 시키면서 영양가도 없고, 맛도 없는 새참을 주면 되겠느냐."고 욕을 한바가지 해주고 그만둬버렸다고 한다.

본인은 돈이 없어 그런 것도 아니고 집도 있고 재산도 있지만 놀기 심심해서 일 좀 해보려고 하는데 사람을 무시한다며 '시니어클럽'도 '노인복지센터'도 일하는 직원들이 하나같이 쓸모도 없다며 다들 앉아서 자리만 차지하고 있다고 한다. 한마디로 모든 게 마음에 안 든다는 투였다. 야단을 친 그분의 입장에서야 존재감도 느끼고, 속이 후련하였는지는 모르겠으나 당하는 쪽은 웬 봉변인가 싶었다.

나이를 먹는다고 어른이 저절로 되는 것은 아닌 모양이다. '나이가 들수록 입은 다물고 지갑은 열어라.'는 말이 있다. 그만큼 어른의 한마디는 무거워야 한다. 또, 자기 분야에서는 최고가 되기 위해 끝임 없이 노력하며, 저변을 넓혀가야 한다. 나보다는 상대방의 입장을 고려하고, 자신의 말에 책임질 줄 아는 사람이어야 한다. 어른이 되는 길은 참으로 멀고도 어렵다. 우리 사회에 이런 어른이 몇 명이나 있을까! 어른이 많은 공동체에서 살고 싶다.

(2015년)

Ⅱ.

스물한 송이 장미

한라산 등반기

5월 초순, 한라산엘 다녀왔다. 2박3일 일정이다. 제주도를 여러 번 다녀오긴 했지만 한라산 등반은 처음이다. 벼르고 벼른 여행이라 기대가 컸다. 연휴에 시부媤父 제사가 겹쳐 부산에 다녀오는 시간까지 대휴에 연차휴가까지 보태 넉넉하게 일주일을 비웠다. 모든 예약 및 일정계획은 아이들에게 맡기고 나는 카드와 현금 그리고 여행을 즐길 마음만 준비했다.

아들과 큰딸, 그렇게 셋이서 하는 여행이다. 대학을 졸업한 후 취업 준비 중인 아들과, 대학 4학년인 큰딸과 함께했다. 남편과 중학생인 막내는 회사와 학교 사정이 여의치 않아 사이좋게 집에 남겨놓고, 서로가 서로를 챙기도록 당부했다. 엄마가 없으면 등교며 출근, 식사와 청소, 빨래까지 모든 게 엉망이 되어버릴 것 같지만 의외로 별일 없이 잘 지낸다는 걸 알기에 과감하게 집을 비웠다.

늦은 오후, 제주공항에 도착해 차를 빌렸다. 운전석에 앉으니 내 차와 차종이 달라 그런지 영 어색했다. 좌석이 푹 꺼져 있어 시야 확보도 어려웠고, 낯선 곳이라 그런지 내비게이션을 보고 가는데도 더듬거렸다. 옆에 타고 있던 아들이 불안했는지 차를 갓길에 세우게 했다. 자리를 바꿔 앉아 운전하는 아들을 보니 듬직하다. 키가 커서 운전대를 잡은 폼이 제법 안정적이고, 운동신경이 있어 그런지 과감하게 운전하는 모습이 나보다 한결 낫다. 언제 이만큼 자랐는지 세월이 참 빠르다는 생각이 들었다.

자투리 시간을 활용하기 위해 도착한 곳은 애월에 있는 한담공원이다. 기이한 현무암이 오묘한 자태를 뽐내며 바닷길을 따라 여기저기 제멋대로 흩어져 있다. 5월의 푸름이 검은 현무암 사이사이에서 더욱 빛을 발한다. 여우팥, 술패랭이, 갯까치수영, 갯메꽃, 땅채송화 등 자생하는 식물들을 관찰하며 걸어가는 오솔길이 오밀조밀 정겹다. 1km가 될까말까한 짧은 거리지만 아담한 산책로가 해변을 따라 구불구불 이어지는 아름다운 공원이다. 근처 '해녀의 집'에 들러 전복죽과 문어숙회를 시켰다. 고소한 전복죽과 싱싱한 문어회가 입에 착착 감겨 올 때쯤 바다 위로 떨어지는 낙조가 배경으로 깔렸다. 저녁을 먹다 말고 그 순간을 놓칠까봐 카메라를 찾아 아름다운 한때를 추억으로 저장했다.

다음날, 아침 5시에 일어나 배낭을 챙기고 도시락을 준비했다. 양파를 다져서 볶고, 참치와 고추장을 섞어 주먹밥을 만들었다.

7시 30분경 숙소를 출발해 성판악휴게소에 도착했다. 붙이는 파스를 한 통 사서 여섯 조각으로 잘라 발바닥과 무릎 등 곳곳에 붙였다. 오래 걸어도 다리가 덜 아픈 비법이라고 한다. 모든 준비를 마치고 산행을 시작한 시간은 오전 여덟 시다.

새벽에 내린 비로 길이 촉촉이 젖어 있다. 푸른 숲을 지우며 안개가 슬금슬금 내려온다. 제주의 변덕스런 날씨에 대해 들은바 있어 조금 걱정이 된다. 한라산 백록담까지 편도 9.6km를 걸어야 한다. 돌아오는 거리까지 생각하면 왕복 20km의 장거리 산행이다. 날씨가 도와주지 않으면 안 된다. 잠시 뒤 걷힐 안개일 거라 스스로를 위로하며 묵묵히 아이들 발자국을 따라 걷는다.

알록달록한 등산복을 입고 걸어가는 아이들의 뒷모습이 신록과 어우러져 더없이 싱싱하다. 하늘이 보이지 않을 만큼 울창한 숲길을 맑은 공기와 아름다운 풍경에 매료돼 힘든 줄도 모르고 오른다. 완만하고 평탄한 길이다. 한참 걸어가다 보니 어린 노루가 사람이 지나가는 길섶까지 나와 겁 없이 풀을 뜯고 있다. 채 몇 발자국 떨어지지 않은 가까운 거리다. 국립공원다운 정경이다.

어느덧 날은 맑아지고 속밭대피소가 나타났다. '뱀조심'이란 안내문이 출입문에 붙여져 있다. 혹시나 싶어 이리저리 살펴봤지만 아직 계절이 이른지 다행히 뱀은 보이지 않는다. 경치에 취하고, 화창한 날씨에 취하고, 늘 그리던 한라산을 걷는다는 기쁨에 취해 무작정 발걸음을 재촉하다보니 진달래산장에 도착했다. 오전 11시였다.

'진달래밭대피소'라는 명칭에 걸맞게 온통 붉은 진달래가 곱게 피어 장관을 이루고 있다. 준비해온 도시락과 휴게소에서 파는 즉석 라면으로 점심을 먹는다. 땀 흘린 뒤 먹는 밥이라 입에 달다. 명승지답게 외국인들도 많다. 머리가 노란 서양사람, 유난히 목소리가 큰 중국사람, 가까운 이웃 일본인들까지 국적은 달라도 아름다운 공간에서 같은 시간에 함께 이 자연을 공유할 수 있음이 인연으로 느껴져 친근감마저 들었다.

진달래대피소를 지나 1600m 고지를 넘으니 풍광이 달라진다. 무성하던 녹음은 간데없고 초봄의 풍경이 펼쳐진다. 겨우 속잎이 돋은 나무들이 서 있다. 시간을 거꾸로 돌려놓은 듯하다. 바람이 한층 거칠어진다. 길도 더 험해진다. 무수한 바위며 돌부리 틈을 골라 밟으며 경사진 길을 헐떡이며 오른다. 아이들은 저만큼 앞서 걷고, 나는 내 보폭에 맞춰 호흡을 조절한다. 먼저 오른 아이들이 저만치서 나를 기다리고 있다. 그렇게 함께 출발하지만 늘 아이들의 걸음이 나보다 빠르다. 쉬엄쉬엄 걸으며 엄마가 잘 따라 오는지 뒤돌아보며 걷던 아들이 한마디 툭 던진다.

"엄마, 그래도 지치지 않고 잘 따라 오네요."

'지치면 날씬하지도 않은 엄마를 업어 달랠까봐 속으로 걱정했나?' 싶어 피식 웃음이 나왔다.

"야! 그래도 내가 산골 출신인데 다른 건 몰라도 싸목싸목 걷는 건 잘한다."고 퉁겨주며 발걸음을 재촉한다.

해발 1800m를 넘어가니 키가 덜 자란 듯 난쟁이나무들 일색이다. 그나마 성글다. 1900m 높이에서는 나무는 간데없고 그냥 동산이다. 마지막 고비에 이르니 숨이 턱에 찬다. 무수한 나무계단을 오르고 오르니 발밑에 장관이 펼쳐진다. 날은 맑아 저 멀리 바다가 아스라이 펼쳐지고, 나지막한 제주의 풍경이 손에 잡힐 듯 꼬물거린다. 제철 만난 진달래가 산을 온통 붉은빛으로 물들이며 낮게 엎드린 풍경도 이색적이다. 무거운 발걸음을 재촉하여 나머지 계단을 올라 드디어 한라산 백록담과 눈을 맞춘다.

감동도 잠시, 거센 바람에 눈을 뜰 수가 없다. 모든 것을 통째로 날려버릴 듯 거센 바람이다. 5월인데도 백록담엔 허연 얼음이 남아있고, 제법 물도 고여 있다. 멀리서 봐서 그런지 야트막한 연못 같기도 하고, 작은 웅덩이처럼 보인다. 고개를 돌리니 눈 아래로 하늘, 구름, 산, 바다가 한꺼번에 펼쳐진다. 잠시 멍해진다. 정상에 서 보니 한라산의 품이 얼마나 너른지 비로소 보인다. 천지사방 가릴 것 없이 탁 트였다. 이런 풍광을 보려고 그토록 한라산 등반을 염원했던가! 기쁨이 벅차오른다.

문득, '인생은 이벤트'라는 생각이 든다. 삶은 자신이 기획하고 실천하는 자신만의 작품이다. 백록담에서 지금 막 내 인생의 멋진 이벤트 하나 완성했다는 뿌듯함이 스쳤다. 생각이 있으면 몸이 저절로 따라간다. 먼저 꿈을 꾸어야만 꿈을 이룰 수 있다는 평범한 진리를 다시금 되새긴다. 몽상도 잠시, 연이은 하산 안내방송의 재촉에 밀려 아쉬움을 뒤로하고 하산을 시작한다. 오후 1시다.

오를 때 보았던 풍경을 되짚어 내려온다. 몸이 지쳐있기 때문인지, 오를 때 한 번 보았던 경치라 그런지 풍경이 눈에 잘 들어오지 않는다. 오를 땐 뒤돌아보며 엄마를 기다려주던 아이들도 지친 기색이 역력하다. 속밭대피소를 지나니 아이들의 모습은 아예 보이지 않는다. 지쳐서 엄마를 기다릴 여유가 없어졌음인지 내 걸음이 너무 느려졌음인지 알 수가 없어 그저 뚜벅이처럼 걷고 또 걷는다.

오를 때 걸었던 꼭 그만큼을 걸어야만 출발지로 돌아올 수 있다. 내 생은 지금 어디만큼 와 있을까? 어쩌면 내 생의 가장 아름다운 정상에 서 있을 수도, 아님 벌써 정상을 찍고 하산하는 전환점 어느 언저리에 서 있는지도 모르겠다. 산길을 걸으며 이 세상에 먼저 살다간 부모님과 부모님의 부모님 그리고 내 자녀와 그들의 자녀로 이어질 연결고리를 생각한다. 길은 아직 끝나지 않았고, 길은 또 다른 길로 다시 이어진다. 저만큼 숲이 시작된 지점에서 아이들이 손을 흔들고 있다. 드디어 성판악 입구가 보인다. 무사히 5월의 이벤트에 마침표를 찍는다.

(2014년)

겨울나무

겨울 숲길을 걷는다. 낙엽이 깔린 길 위로 구수한 나뭇잎 냄새가 난다. 떨어진 잎들이 벌써 자연의 일부가 되어 썩고 있나 보다. 나무의 은혜를 아는 듯 그렇게 나무의 발치에서 양분으로 거듭나는 낙엽의 환생이다.

잎을 다 떨구고 빈 몸으로 서 있는 겨울나무는 해 질 녘 장판에서 팔던 물건을 떨이로 다 넘긴 장꾼처럼 홀가분해 보인다. 그러나 버석버석 말라버린 잎들을 아직도 가지에 매달고 있는 겨울나무도 있다. 팔순의 연세에도 맞벌이하느라 바쁜 며느리를 대신해서 아직도 부엌을 못 떠나는 우리 어머님 같은 나무다.

늘씬한 활엽수들이 그득하게 서 있는 숲이 있다. 국군의 날, 병사들이 제복을 갖춰 입고 발 맞춰 행진하는 광장의 모습처럼 그 기세가 늠름하다. 그런가 하면 키 큰 굴참나무들을 배경으로 푸른 소나무가 몇 그루 서 있고 그 아래엔 갖가지 어린 잡목에 마른 덩굴까지 복잡하게 어우러진 숲도 있다. 그 모습은 명절 전날 가족들이 모두 모인 고향집 같다. 아들들은 떡을 치고, 며느리는 전 부치고, 아이들은 이리저리 뛰어 다니며 노느라 골목이 떠들썩하다. 그 모습을 할아버지는 대청마루에 앉아 빙그레 웃으며 내려다보는 정겨운 시골집의 넓은 마당. 잡목 숲은 대가족의 모습처럼 아기자기한 이야깃거리를 떠오르게 한다.

겨울의 숲은 구체적이다. 모호했던 숲의 능선은 나뭇가지들을 솜털처럼 뻗치고 맨살을 드러낸다. 잎 진 버들의 실가지들은 살아서 꿈틀거리는 듯 벌써 겨울눈을 키우고 있다. 지난여름에 어린 생명을 키웠을 까치둥지는 높다란 가지 위에서 겨울의 운치를 더해주고 있다.

겨울의 나무는 여유롭다. 제 할 일을 마치고 이젠 한시름 놓고 뒤로 한 발짝 물러나 앉은 듯 편안한 모습이다. 매섭게 불어오는 겨울바람에도 잔가지를 비벼대며 휘파람을 분다. 그렇게 바람의 노래에 장단을 맞추고 서 있다.

겨울나무를 본다. 내가 보는 것은 나무가 보여주는 밖으로 드러난 모습이다. 그러나 그것이 나무의 전부는 아닐 것이다. 내가 볼 수 있는 것은 지상으로 드러난 나무의 둥치와 가지들이다. 땅속에서 굵은 힘줄을 세우며 나무를 지탱하는 뿌리의 수고로움을 나는 보지 못한다. 나무의 뿌리도 땅 속에서 나무의 가지만큼 저렇게 벋어 있을 것이다. 그 뿌리는 어둠 속에서 단단히 땅을 움켜

쥐고 큰 돌부리를 피해 가며 물을 찾아 길을 헤매고 있을지도 모르겠다. 그렇게 나무는 이 겨울을 무사히 보내고, 봄이 오면 또다시 튼실한 새순을 피우기 위해 지금부터 골똘히 궁리를 하고 있는지도 모를 일이다.

벌써 12월의 중순, 올해도 벌써 다 갔다. 겨울나무를 바라보며 지난 시간들을 되돌아본다. 보잘것없는 글재주로 운 좋게 천안문협의 식구가 되었지만 까마득히 높게만 보이는 선배님들과 그 작품을 접하면 자꾸만 기가 죽는다. 글을 쓰려고 앉으면 종이는 하얗게 멀미를 일으키고, 그나마 몇 자 적어보지만 다시 읽어보면 마음에 차지 않는다. 남의 작품을 감상만 할 때는 너무 쉬웠다는 생각을 해 본다. 그러나 귀하게 얻은 기회인데 포기할 수는 없다. 열심히 써야 한다. 불후의 명작은 아니더라도 누군가의 가슴을 훈훈하게 덥혀주는 그런 좋은 글을 한 편쯤은 남겨야 한다.

겨울나무처럼 살고 싶다.

하나의 씨앗이 싹을 틔우고, 나무가 되고, 점점 자라서 푸른 여름 나무가 되기까지 내가 가야 할 길은 아직도 멀기만 하다. 언 땅 속에서도 길을 찾는 겨울나무의 뿌리처럼 그렇게 더듬거리며 가 보자. 그래서 언젠간은 싱싱하고 아름다운 잎새들을 무성하게 키우고 찬란한 여름햇살을 온몸으로 받는 그런 우뚝 선 나무가 되어야겠다. 그리고 가을이 오면 노을빛을 닮은 고운 빛깔의 단풍으로 물들자. 그래서 흰 눈 펄펄 날리는 겨울이 오면 어린 나무의 발등을 덮은 마른 낙엽들처럼 나도 누군가의 언 마음을 녹여

주는 그런 삶을 살아야겠다.

서리를 맞아 반짝이는 낙엽을 밟으며 겨울의 숲길을 걷는다.

(2004년)

연과 수련

종일 줄기차게 비가 내린다. 창가에서 토닥이는 빗소리가 좋다. 일정한 리듬으로 유리창을 두드리는 빗소리엔 사람을 충동질하는 무언가가 들어 있나 보다. 우산을 챙겨 거리로 나섰다. 차를 몰아 도착한 곳은 보탑사*였다. 텅 빈 주차장에 차를 세우고 나니 먼저 연꽃이 눈에 들어왔다.

크고 둥근 연잎, 자꾸만 떨어지는 빗물, 물방울은 팽이가 되어 연잎 위에서 빙글빙글 맴돌고 있다. 바람이 태워주는 그네, 연잎이 너울너울 흔들리고 빗방울은 아래로 주르륵 미끄럼을 탄다. 그 연잎 위로 또 다른 빗방울이 기다렸다는 듯이 내려앉는다. 연잎은 이렇게 하루 종일 물방울과 놀아주고 있었나 보다.

논에서 아무렇게나 자라는 연잎은 잎사귀가 넓고도 크다. 마치 우리 여인네들의 너른 치마폭 같다. 그래서 한결 여유롭고 유순

해 보인다. 연꽃의 빛깔은 은은한 중간색이다. 볼그스름한 붉은색, 희면서도 약간 진줏빛이 도는 노르스름한 색이다. 홍련의 자태는 우물에서 물을 길어 머리에 이고 모퉁이를 돌아오는 큰애기의 머릿단에 드리운 댕기의 붉은 빛이거나, 신랑과 첫날밤을 보낸 새색시가 새벽에 일어나 조심스럽게 부엌문을 열고 들어설 때, 볼우물에 피어나는 부끄러움 같은 색이다.

빗속에서 보는 활짝 핀 백련은 아이가 두엇 달린 후덕한 여인네를 연상시킨다. 하얀 무명 앞치마를 두른 아낙이 밭머리에 돌아앉아 어린아이에게 젖을 물리고 아이와 하염없이 눈을 맞춘 채 행복에 젖어 웃고 있는 평안한 모습이다.

연이 있는 논 옆으로 수련이 보인다. 줄기는 물속에 잠겨 있어 흐릿하고, 꽃과 잎만 물위에 동글동글 떠 있다. 수련 잎은 표면이 기름이라도 바른 듯 반질반질하다. 그 팽팽한 탄력에 못 이겨 잎은 한쪽이 툭 터져 있다.

수련의 꽃 빛깔은 매우 화려하다. 짙은 선홍색 꽃잎에 샛노란 꽃술은 무척 감각적이다. 눈부신 보라색, 혹은 아주 밝은 노랑도 있다. 단번에 시선을 붙들어 매는 빛깔이다. 한쪽이 쭉 찢어진 수련 잎을 보면 중국 전통의상인 치파오가 생각난다.

몸에 꽉 끼는 긴 치마, 길게 세로로 옆트임을 한 치파오를 입은 통통하면서도 육감적인 중국미인이 빗속에 오도카니 서 있는 것 같다. 수련의 꽃잎은 끝이 뾰족하다. 마치 토라진 그네의 입술 같다. 중국 갑부의 저택 높은 담장 아래서, 전족한 작은 발로

후원을 거닐다 하늘을 올려다보며 호하고 내쉬는 미녀의 한숨 소리가 들리는 것 같다. 주인의 발소리가 들릴까 귀를 모으고, 노심초사 자꾸만 문께로 눈을 보내는 갑부의 어린 부인, 둥그런 자배기에 갇힌 수련의 모습이 꼭 그네의 슬픈 눈빛 같아 애처로워 보였다.

모양이나 빛깔, 향기는 조금씩 다르지만 그 속에 품은 사랑의 온도는 하나같이 뜨겁다. 진흙탕같이 힘든 세상일지라도 가슴속에 소중한 사랑 하나 품고 있다면 어려움도 거뜬히 헤쳐 나갈 수 있을 것 같다.

수련이 띄운 앙증맞은 이파리가 '사랑한다' '사랑한다' 자꾸만 그렇게 속삭이는 것 같다. 그러나 아무에게나 허락하지 않는 사랑이다. 줄기차게 내리는 빗속에서도 물방울을 아래로 굴려 보낼 뿐, 연과 수련도 쉽게 비에 젖지 않으려 한다. 뿌리로 전해오는 하나의 외사랑, 그것만을 의지하겠다는 듯 바람에 이파리를 연신 털어내고 있다.

참깻단을 세워둔 비닐 위로 쏟아지는 빗소리가 개울물 흘러가는 소리처럼 우렁차다. 지나는 바람에 풍경이 댕그랑 운다.

(2007년)

* 보탑사: 충북 진천 연곡리에 있는 사찰로 야생화가 유명하다.

스물한 송이 장미

장미꽃을 본다. 물기를 머금은 듯 탱탱하게 부푼 꽃잎을 본다. 낱낱의 꽃잎들이 꽃받침으로부터 차곡차곡 포개지며 만들어낸 황금비율, 그 꽃잎들의 비스듬한 각도 때문에 장미는 아름다운 것이다. 봉오리에서부터 조금씩 입술을 열어 만개할 때까지 꽃잎들이 만들어내는 균형과 조화, 그 겹침이 만들어내는 그늘의 서늘함 때문에 장미는 아름다운 것이다.

마흔두 번째 생일날 남편이 스물한 송이 장미를 사왔다. 빨강, 노랑, 분홍의 커다랗고 탐스런 꽃송이들이 하얀 안개꽃 속에서 활짝 웃고 있었다. 나이에 맞춰 마흔두 송이를 사오고 싶었으나 만만찮은 꽃값에 놀라 절반만 사왔다고 한다. 화병에 장미를 꽂았다. 어정쩡했던 한겨울의 실내가 금세 생기를 되찾았다. 마치 마흔두 살에서 스물한 살이 된 것처럼 내 기분도 덩달아 발그레

해졌다.

다가오는 2월이면 결혼 20주년을 맞는다. 수많은 잎들이 한 송이 아름다운 장미로 피어나듯, 내 결혼생활도 벌써 스무 해란 적지 않은 세월의 낱장으로 쌓여온 것이다. 지나간 시간들을 가만히 뒤돌아보면 하루하루가 겹겹이 고운 꽃잎처럼 싱싱한 젊음으로 아름다웠고, 그 세월의 무게만큼 그늘도 있었던 것 같다.

결혼 당시 양가 모두 경제적으로 도움을 줄 형편이 못되었다. 각자 모아 두었던 적금과 얼마간의 예금을 털었다. 예물로 18금으로 반지 하나, 그리고 평범한 시계 하나씩을 교환했다. 주택가 문간방을 전세로 얻었다. 방 하나, 부엌 하나, 세면실이 따로 없어 부엌 한쪽에 대야를 놓고 세수도 하고 샤워도 했다. 창문에 꽃분홍색 커튼도 달았다. 좁지만 둘만의 아늑한 보금자리가 있어 마냥 행복했다.

결혼하고 20여 일 후, 친정아버지 제사를 모시러 친정엘 다녀와 보니 현관문이 열려 있었다. 밤손님이 다녀간 것이다. 아수라장이 된 방을 치우며 없어진 것을 확인했다. 유일한 예물인 반지와 시계는 그나마 몸에 지니고 있어 화를 면했다. 둘만의 공간에 누군가의 불결한 손길이 스쳐갔다는 사실이 께름칙했지만, 잃어버린 게 별로 없다는 것으로 위안을 삼았다.

이틀 후, 정월 대보름이라 시댁에서 저녁을 먹고 느지막이 돌아와 보니 또 방안이 난장판이었다. 컬러텔레비전이 있던 자리엔 먼지만 뿌옇고, 입다가 걸어 둔 새 홈드레스도, 한 번도 써보지 못하고 장롱 속에 곱게 넣어 두었던 담요도 감쪽같이 사라지고 없었다. 그날부터 방은 신혼의 아늑한 공간이 아닌 공포의 장소가 되고 말았다. 누군가 항상 우리를 주시하고 있다는 생각, 침입자가 둘만의 공간으로 언제라도 불쑥 뛰어들지 모른다는 불안으로 한시도 편안할 수가 없었다.

결국 친구의 권유로 결혼 7개월 만에 무리해서 열세 평짜리 아파트를 장만했다. 문간방 전세금에, 내가 직장생활하면서 부어오던 재형저축과 남편의 적금을 보태도 부족했다. 회사에서 주택융자를 받고, 친정오빠와 큰시누님께도 얼마간의 돈을 빌려야 했다. 그랬으니 월급날이 되면 반찬값이 넉넉하게 남을 리가 없었다. 월급에서 주택 융자금은 저절로 빠져나갔고, 빌린 돈을 갚기 위해 따로 적금도 부어야 했다. 월급을 받아 한 달치 연탄을 들여놓고 나면 생활비는 늘 간당간당했다. 그렇게 절약만이 살길이라 여기며, 전등 스위치 하나도 허투로 여기지 않고 억척을 떨며 살았다. 첫아이 출산 준비는 조카아이가 물려준 옷으로 대신했다. 자주 삶은 아기 옷은 풀기 없이 늘어져 아기의 어깨가 옷 밖으로 삐죽이 드러나곤 했다. 남편도 한 번 구입한 외투는 소매가 하얗게 해질 때까지 입기를 주저하지 않았다.

실내를 환하게 밝힌 장미꽃을 보면서, 마흔두 송이와 스물두 송이 사이에서 잠시 망설였을 남편의 모습을 본다. 꽃값과 꽃다발을 견주어 보면서, 과연 마누라에게 고맙다는 소리나 들을 수 있을지, 괜한 짓 했다며 돈으로 물려오란 소리나 듣게 되지 않을

지를 생각하다가, 결국은 스물한 송이로 결론을 보았을 남편의 망설임에 생각이 이르자 괜히 눈시울이 뜨거워졌다. 결국 절반으로 타협을 본 남편의 결정에는 욕구와 현실 사이에서 항상 욕구의 한 귀퉁이를 꾹꾹 누르며 앞만 보고 달려야 했던 세월의 흔적이 습관으로 녹아있는 것이다.

장미가 아름다운 것이 무수한 꽃잎의 조화로운 겹침 때문이며, 시가 아름다운 건 시어가 내포한 언어의 깊이 때문이라면, 우리의 인생 또한 괴롭고 힘들고 때론 고통스럽지만 그런 하루하루가 지나고 나면 햇볕이 반짝하듯 기쁜 날들이 기어코 오리라는 믿음이 있기 때문에 아름다운 것이다. 고통의 시간을 견뎌본 사람들만이 안다, 화려한 꽃송이의 이면에 그림자처럼 숨어있는 땀방울의 의미를.

(2009년)

눈이 녹을 때

겨울에는 비보다 눈이 더 반갑다. 하얗게 소리 없이 허공을 유영하는 눈송이를 보고 있으면 세상이 한층 포근하게 느껴지면서, 머릿속은 한없이 아득해지고 마음에도 까닭 모를 훈기가 돈다.

눈과 비는 모두 물이지만, 계절이나 날씨, 온도에 따라 비가 되기도 하고 눈이 되기도 하며 모습을 달리한다. 눈은 높고 낮음을 가리지 않고 골고루 내린다. 어떤 눈은 지붕이나 나무 위로 내려앉고, 어떤 눈은 길 위로, 나뭇잎 위로 내려와 쌓인다. 눈의 조용한 걸음걸이처럼 눈이 내리는 동안 세상은 평온해 보인다. 그러나 눈이 멈추고 그 위로 햇살이 비추면 양지와 음지의 분명한 차이가 드러난다.

집요한 햇살의 애무에 눈은 은가루 같은 빛을 뿜어낸다. 그러다 양지 쪽의 눈은 서서히 허물어진다. 자연이 빚은 아름다운 결정, 그 화려한 옷을 벗고 축축한 물이 되어 흙 속으로 스며든다. 어떤 눈은 슬그머니 나무둥치 뒤로 숨는다. 그러나 햇살의 눈은 예리하다. 저항하는 눈가루들을 차례차례 굴복시킨다. 눈은 그렇게 햇빛의 발아래 조용히 쓰러진다. 그러나 한사코 산 그림자 깊은 음지로 몸을 숨기는 눈도 있다. 겨울이 다 지나고 봄이 올 때까지 흰 결정結晶을 풀지 않으려 눈은 옷깃을 더욱 여민다. 못 말리는 옹고집이다.

물은 정해진 형체가 없으나 불리는 이름은 제각각이다. 여름날, 동트기 전 풀잎에 맺힌 물방울은 이슬이고, 강물 위로 뿌옇게 떠올라 풍경을 지우는 것은 물안개다. 겨울날, 마른 낙엽 위로 뽀얗게 내려앉아 얼어붙은 물은 서리이며, 겨울 들녘 넓은 논바닥을 매운 채 꽝꽝 언 것은 얼음이다. 물은 이렇게 이름이 다른 다양한 모습으로 존재한다.

사람도 마찬가지인 것 같다. 태어난 환경은 조금씩 다르더라도 생로병사를 겪으며 살아가는 건 같다. 한 인간이 부모의 품을 벗어나 가정을 이루고 사회 속에 발을 들여놓으면 이 사람에겐 일인다역一人多役이 주어진다. 학교에서 직장에서의 선후배 관계가 생기고, 직업과 직책에 따라 주어지는 역할도 다르다. 동시에 한 가정의 아들이며 딸이고, 사위이며 며느리가 되고, 또 아빠나 엄마가 된다. 더 큰 가족의 테두리에서는 삼촌이 되고, 이모나 고모가 되기도 한다. 그렇게 시간이 흐르다 보면 할아버지도 되고 할머니도 된다. 이렇게 개인이 수행해야 할 역할은 복잡하고도 다양하다.

우리는 무대에 선 연기자처럼 인생이란 무대에서 다양한 역할을 연기하며 살아간다. 많은 역할 중, 어떤 게 진짜 내 모습인지는 따질 필요가 없다. 더 마음에 드는 역할, 마음에 들지 않는 역할은 있어도 진짜가짜는 없다. 내가 수행해야 할 모든 역할이 전부 나이며, 그 모든 것이 합쳐져야만 내가 완성된다.

우리는 각자가 맡은 역할 때문에 많은 갈등을 겪기도 한다. 개인들의 성향에 따라 어떤 역할을 해낼 땐 즐겁고 보람도 느끼지만, 어떤 역할은 가급적 회피하고 싶어질 때도 있다. 화려한 싱글에서 유부녀가 될 때, 아줌마에서 할머니가 될 때가 유독 그럴 것 같다. 그래서 가끔 응달의 눈처럼 '나는 나야!' 하며 고집을 피워보기도 한다. 젊어 보이는 옷을 입고, 운동을 하고, 다이어트를 하고, 성형도 하면서 최후까지 미련을 버리지 못한다. 긍정적인 면도 있다. 또래보다 젊어 보이고 자신감도 생긴다. 그러나 '젊어 보이는 것'과 '젊다'는 것에는 차이가 있다. 깊은 응달의 눈도 봄이 오면 결국 녹게 마련이다.

꿈을 위해 열심히 노력하는 사람의 모습은 아름답다. 그러나 마음속의 허상을 붙잡고 미련을 버리지 못하는 사람의 모습은 우리를 슬프게 한다. 먼지가 묻은 채 허옇게 얼어있는 고집스러운 눈을 따뜻한 봄날까지 보고 싶어 하는 사람은 없을 것 같다. 사그라지는 모든 것들은 슬프다. 그러나 그 사라짐이 있기에 새로운 생명의 탄생이 있다는 걸 우리는 안다. 대지 위로 내려앉는 흰 겨울눈이 사람을 깊은 사색에 잠기게 하고, 마음에 온기를 불어넣어 사람의 생각이 자라게 하는 것이라면, 햇빛 아래서 순하게 녹아내리는 눈을 보면서 거스를 수 없는 자연의 순리를 배우게 된다.

한낮의 햇살은 따사롭고, 그 빛은 서서히 설경雪景을 지우고 있다. 길 위에서 순하게 흙 속으로 스미는 눈을 밟으며 걷는다. '세상 모든 일이 눈이 올 때처럼 공평할 순 없을까?' 그런 생각도 해가면서 눈 녹는 질척한 들길을 걷는다.

(2009년)

다림질

옷은 종종 사람을 다르게 보이게 한다. 어릴 때의 기억이다. 농부였던 아버지가 어디 결혼식에라도 가시는지 말끔하게 양복으로 차려 입으셨다. 댓돌 위에 검정구두 신은 발을 올려놓으시곤 솔에 구두약을 묻혀 쓱쓱 닦고 계셨다. 늘 작업복 저고리에 둘둘 걷어 올린 잠방이 차림으로 흙 묻은 검정 고무신 신은 아버지만 봐오던 터였다. 어찌 그리 아버지가 다르게 보이던지.

"와! 아부지 진짜 멋져요."

나의 감탄사에 평소 잘 웃지 않으시던 아버지는 멋쩍은 얼굴로 활짝 웃으셨다. 한 집안 가장의 모처럼의 외출이었다. 뒤에서 아버지의 옷매무새를 다듬던 어머니도 웃고 계셨다. 그날 아버지가 입었던 옷에는 옷을 손질한 어머니의 정성이 듬뿍 담겨져 있었을 것이다. 아내가 정성들여 손질한 옷과 그 옷을 멋지다고 말해준 딸의 찬사로 인해 출타하시는 아버지의 어깨는 더욱 당당하게 쫙 벌어졌을 것이다.

어려서부터 어른의 옷은 넘어다니지 않는 거라고 배웠다. 외출복이든 평상복이든 옷의 용도나 가격에 관계없이 옷을 소중하게 생각해 왔고, 입는 사람의 지위에 따라 옷도 같은 대접을 받아온 것 같다. 어쩌면 정말, 옷에도 그 옷을 입는 사람의 기氣가 스며들어 있을지도 모른다는 생각이 든다.

살아간다는 것은 때를 묻혀가는 일이다. 곱게 손질한 마음에 때를 묻히고 자신의 의지와 상관없이 자꾸만 구겨지는 것. 사회라는 울타리 속에서 개인들은 부딪치고 상처받고 때로는 그 속에서 위로 받기도 한다. 그것이 생활이다. 그래서 생활인들의 관계란 그렇게 꼿꼿이 날이 선 채로는 힘이 든다. 자신을 구부리고 접어서 낮아질 때 원만한 관계가 성립되는 것이다.

세탁기를 돌리기 전에 애벌빨래를 한다. 셔츠의 깃이나 소매, 그리고 양말은 세탁기만으로는 해결이 안 된다. 왕성하게 활동하는 아이들의 양말은 그 아이를 닮아 있다. 아이들은 아침에 뽀얗게 빨아 놓은 양말을 신고 나가지만 저녁이면 일상의 흔적들을 잔뜩 묻혀서 돌아온다. 아침에 나가서 늦은 저녁이 되어서야 돌아오는 고등학생이 된 아들의 양말에는 그의 고단했던 이야기들이 고스란히 묻어있다. 조금씩 멋부리기 시작하는 중학생이 된 큰딸과 유치원에 다니는 막내딸이 벗어 둔 양말에서도 그 아이들의 하루를 본다.

주부의 노력은 저녁이 되면 주름투성이가 되어버릴 자잘한 일들의 반복이다. 옷을 세탁하고 다림질을 하는 일이 때론 참 허무한 일인지도 모른다는 생각이 든다. 그러나 그렇다 할지라도 나는 여전히 내 가족의 옷들을 말끔히 빨아 다리고 싶다. 생활에서 묻은 고단함과 피로의 때를 손으로 싹싹 문질러 지우고 깨끗한 물로 헹구어 맑은 바람에 펄럭이게 하고 싶다. 바람이 옷에 새로운 기운을 전해주고, 햇빛이 보약처럼 옷들에게 스며들게 하고 싶다.

우리는 항상 옷을 입고 생활하고 있다. 때문에 또 매일 빨래를 하고 다림질을 해야 한다. 하루 이틀 미뤄 둘 때도 있지만 거의 매일 빨래를 하는 셈이다. 그러나 때로는 일요일에 빨아놓은 교복의 다림질을 잊어버려서 월요일 아침 아이들이 빨랫줄에 걸린 옷을 그대로 걷어서 입고 갈 때가 있다. 그럴 때면 종일 마음이 언짢다. 뭔가 내가 해야 할 중요한 무엇을 놓친 느낌이 든다. 반대로 남편과 아이들이 반듯하게 다림질된 옷을 입고 나갈 때면 마음이 뿌듯하다. 내가 다려준 옷을 입고 회사에 가서 일을 하면 일도 술술 잘 풀리고, 학교에서 공부도 더욱 열심히 할 것만 같은 생각이 든다.

아무리 좋은 옷이라도 제대로 손질을 하지 않으면 그 가치는 떨어진다. 몇 해 전 생활한복을 만들어 본 적이 있다. 옷을 만들려면 여러 가지의 단계를 거쳐야만 한다. 그중에서 선생님은 특히 다림질의 중요성에 대해 강조하곤 하셨다. 단계 단계마다 박음질을 마친 후면 꼭 다림질로 솔기를 단정하게 정리하곤 했다. 그래야만 옷이 완성되었을 때 모양이 제대로 나온다고 했다. 한복의 섶은 특히 다림질이 중요하다. 옷본대로 자른 섶 부분은 다림질로 박을 부분을 꼭꼭 눌러가며 모양을 잡아야 했다. 그래야만 박음질하기가 수월하고, 완성된 모양에 실수가 적었다. 한복에서 섶은 그 옷의 완성미를 보여 주는 부분이다. 그래서 박음질에 서툰 나 같은 사람일수록 다림질의 과정을 더 중요하게 생각하곤 했다.

옷을 다린다. 구겨졌던 어제의 기억들이 뜨거운 열기 속으로 사라지고 있다. 다리미가 지나간 자리마다 말끔한 새 길이 열린다. 사랑과 믿음, 간절한 소망까지 담아 옷을 다린다. 무거운 가방을 멜 아들의 셔츠는 어깨를 공들여 다리고, 이리저리 바쁘게 뛰어다닐 남편의 바지엔 자존심처럼 곧은 주름도 세워 본다. 딸아이의 주름치마를 일일이 다리다 보면 어느새 내 마음도 차분하게 정리가 된다.

통돌이 세탁기 속에서 한 덩이가 된 빨래를 꺼낸다. 거실 바닥에 빨래를 쏟아 놓고 훌훌 털어본다. 이쪽저쪽 잡아당기며 주름을 펴고, 손으로 밀면서 손 다림질도 해 본다. 옷걸이에 쫙 펴서 빨랫줄에 넌다.

시원한 바람 듬뿍 섞인 가을햇살 속에서 옷들은 어제의 기억을 지우고 있는 중이다.

(2005년)

자연이 주는 울림

문득, 피부에 닿는 바람의 온도가 다르게 느껴진다. 끓어오르던 여름의 열기도 연이틀을 세차게 내린 비에 차갑게 식어버렸나 보다. 서늘한 옷으로 갈아입은 가을바람이 자꾸만 여름을 밀어내고 있다. 어쩔 수 없는 자연의 섭리, 다음 주자에게 바통을 넘겨주고 떠나는 여름의 뒷모습엔 아쉬움이 묻어있다.

사람의 외모와 성격이 제각각이듯, 변화하는 자연도 독특한 표정이 있다.

봄의 걸음걸이는 바쁘다. 술래가 뒤돌아 '무－궁－화－꽃－이－피－었－습니다.' 하고 외칠 동안 성큼성큼 다가와 있는 동무들의 발걸음처럼 봄은 다사로운 입김을 아낌없이 대지 위에 불어넣는다. 여름의 걸음걸이는 거침이 없다. 도착해야 할 목적지가 분명한 젊은이처럼 여름은 서슬 푸른 발소리를 쿵쿵 울리며 고지를 향해 곧장 나아간다.

가을은 서두르지 않는다. 그러나 데치고, 굽고, 끓이는 주부의 손놀림처럼 익숙하고 정확한 걸음걸이다. 그래서 그득하게 차려진 가을의 식탁은 빠진 것 없이 풍요롭다. 겨울의 걸음걸이는 눈 위에 찍히는 발걸음 소리처럼 적요하다. 소복소복 내린 눈 속에 파묻혀 겨울은 자주 깊은 생각에 빠져든다.

사계의 변화는 비를 따라 온다. 봄비 머금은 새싹은 연둣빛으로 살이 오르고, 소나기 맞은 신록은 초록빛을 짙게 덧칠한다. 서늘한 가을비에 차츰 빛바랜 숲은 누런 수의壽衣를 마련한다. 그 위로 차가운 겨울비가 내리면 수풀은 마침내 무릎을 꺾고 노쇠한 몸을 씨앗 위에 누이고 거름이 되어 대지로 돌아간다.

하루의 변화는 빛을 따라온다. 새벽, 희붐하게 밝아 오는 여명을 신호로 새 하루는 기지개를 편다. 산과 맞닿은 분홍빛 하늘이 불끈 마지막 힘을 쓰면, 어느새 크고 잘생긴 해가 산위로 둥근 이마를 내민다. 태양은 찬란한 빛을 뿜으며, 활시위를 떠난 화살처럼 빠르게 중천을 향해 달린다.

빛이 마지막 숨을 몰아쉬는 시간, 서쪽 하늘은 잠깐 진혼곡의 음률처럼 장중한 석양이 울려 퍼지고, 이내 어둠은 세상을 감싸 안는다. 멀리 주택가에 하나, 둘 가로등이 켜진다. 낮이 밤으로 탈바꿈하는 신비로운 시간엔 꿈틀거리며 살아있는 자연을 온몸으로 느낄 수 있다. 지구가 자전하고 있다는 생생한 느낌에 잠깐씩 어지럼증마저 느끼게 된다. 그리고 거대한 자연, 숨 쉬는 지구

안에 작은 점으로 존재하는 미미한 '나'라는 존재를 또렷하게 느끼게 된다. 자연과 하나되는 나, 이 순간 살아 있는 모든 것이 아름답게 보인다. 그리고 그 모든 것이 너무나 소중하게 느껴져 자연의 신께 저절로 감사의 기도를 올리게 된다.

자연은 한순간도 머물러 있지 않고 변화한다. 엄마의 키를 훌쩍 넘어버린 아이의 고등학교 입학식에서도, 흰머리가 희끗희끗 섞인 남편의 숱이 준 머리에서도 우리는 세월의 존재감을 느낄 수 있다. 크는 줄 모르게 어느덧 자란 아이들처럼, 늙는 줄도 모르고 늙어가는 부모들처럼 계절이 다른 계절로 바뀔 때, 아침이 오고 밤이 찾아올 무렵에 비로소 우리는 자연의 변화를 또렷하게 실감하게 되는 것이다.

오늘 저녁은 하던 일을 멈추고 고요하게 들려오는 자연의 울림에 귀기울여 보자. 온몸으로 종소리같이 퍼져오는 자연의 메아리를 느껴보자. 언제나 스승이 되어 주는 자연 앞에서 겸손해지는 나를 만나게 될 것이다.

(2007년)

아이를 키우는 일도 이러하겠지요

가을배추

가을볕이 따갑다. 밭이랑에 줄지어 가을배추가 서 있다. 넓다란 초록 이파리들이 자못 당당하다. 부지런히 땅속 양분을 실어 나르느라 겉잎은 하얀 힘줄이 툭툭 불거져 있다.

가을배추는 김장용 배추를 말한다. 김장용 배추는 늦여름에 씨를 뿌린다. 어린 싹이 올라오면 몇 차례 솎음작업을 해야 한다. 튼튼하게 잘 자랄 것 같은 놈은 남겨두고 어리거나 벌레 먹은 것은 뽑아낸다. 배추를 솎으면서 밭에 김도 매야 한다. 솎은 배추는 삶아서 나물로도 무치고 국도 끓여 먹는다.

배추를 솎을 때는 간격도 중요하다. 가까운 사이일수록 최소한의 거리가 필요한 것처럼, 아무리 튼실한 배추라도 너무 가까이에 있으면 양쪽 다 잘 자랄 수 없다. 그래서 포기가 충분히 벌어질 만큼 간격을 주어야 한다. 웬만큼 포기가 벌면 짚으로 배추를 묶어 줘야 한다. 그래야 속이 꽉 찬 배추가 된다. 겉잎이 가을 찬바람에 누렇게 마르고 시들어도 배추 속에서는 노란 꽃잎 같은 배춧속이 꼬숩게 맛이 든다. 이때부터가 스스로 깊어지는 시간이다. 아이들이 얼굴에 여드름 피우며 철이 들고, 조금씩 어른이 되어가는 것과 같다. 조석으로 서리가 내리고 냉랭한 찬바람 속에서 가을배추는 안으로 깊게 단맛을 갈무리한다.

구부러진 고구마

차를 타고 가다가 어느 산길에서 고구마를 한 상자 샀다. 집에 와서 상자를 열어보니 고구마의 모양이 참 요상했다. 우리가 달려온 구부러진 산길처럼 고구마도 구불구불 굴곡이 심했다. 어느 한 놈도 미끈한 놈이 없었다. 어느 돌밭에서 자랐을까? 장애물을 이리저리 비켜가며 몸피를 키웠을 고구마의 고단했던 생이 보이는 것만 같았다. 온몸으로 보여주는 고구마의 이력서를 읽다가 그만 코끝이 찡해져 왔다.

고구마를 쪘다. 하얗게 피어오르는 김도 구불거리는 것처럼 보였다. 호호 불며 우물우물 고구마를 먹었다. 고갯마루 같은 식도로 고구마가 꿀떡 넘어갔다. 뱃속에서도 고구마의 구불거리는 길은 계속 이어진다.

배와 돌배

추석에 친정에 갔다가 배를 가지고 왔다. 오빠가 '무공해 배'라면서 한 부대를 담아 주었다. 크기가 일반 배보다 훨씬 작았다. 껍질도 단단하고 색깔도 더 짙었다. 달지만 약간 새콤한 맛이 났다. 야생의 맛이었다.

배는 키우는 데 손이 많이 간다. 애벌, 두 벌 봉지도 싸야 하고, 배꽃도 따야 하고, 어린배도 솎아야 한다. 이런 일을 할 때, 나무가 높으면 사다리를 타고 오르내려야 하고, 나무가 낮으면 구부리고 다녀야 한다. 농약도 때맞춰 쳐야 한다. 어린애를 돌보듯 부부가 봄부터 가을까지 매달려야 한다. 그것도 모자라 품을 사야 하는 때도 많다. 그러나 몸이 아파 그만 일할 시기를 놓쳐버렸단다. 배는 제 맘대로 맺고 자라서 돌배가 됐다.

돌배를 깎으며 사람의 관심과 손길이 참으로 중요하다는 생각이 들었다. 크고 물이 많아 달콤하던 꿀배도 한 해만 정성을 거르면 그만 돌배가 돼 버리고 마는 것이다. 접시에 가득 배를 깎아 놓았다. 배를 가져가는 손길이 뜸하다. 배는 아무래도 모두 내 차지가 될 것 같다.

인큐베이터 호박

인큐베이터 호박이라는 게 있다. 애호박에 포장용 비닐을 씌워서 기른 것이다. 호박은 점점 굵어져 포장용 비닐의 크기만큼 자라면 수확을 한다. 비닐에 싸여 자라기 때문에 병충해나 농약으로부터 비교적 안전하다. 크기는 맞춘 듯이 모두 일정하고, 겉면은 맨지르하다. 농산물이면서도 공산품 같다. 호박은 답답한 비닐에 싸여 수인囚人처럼 갇혀서 큰다. 그래서 그런지 빈혈을 앓은 듯 노란빛 도는 애호박은 아침에 나갔다가 한밤중에 되어서야 돌아오는 딸아이의 핼쓱한 얼굴을 닮았다.

아삭이고추

슈퍼에 갔다가 아삭이고추를 샀다. 일명 오이고추라고도 한다. 어떻게 개량을 했는지 오이처럼 크기도 크고, 맛도 달큼하니 일품이었다. 삼겹살과 함께 양념장 듬뿍 찍어 한입 베어 무니 아삭거리며 씹히는 소리마저 경쾌했다.

그러나 꼭지 부분을 씹다가 깜짝 놀랐다. 얼마나 매운지. 고추를 오이로 알고 만만히 보다가 큰코다쳤다. 입안이 얼얼했다. 물로 입안을 헹구며 고추 꼭지를 집어 들었다. 매운내가 났다. 정신이 번쩍 들었다. '난 고추지 오이가 아니야!'라고 외치는 것 같았다.

매운 고추의 끝 맛은 모든 것을 비비고 섞어서 어정쩡하게 만들고야 마는 세상을 향해 고추가 목청 높여 외치는 따끔한 일갈이었다.

아이를 키우는 일도 이러하겠지요

우리 아이들은 네모난 교실에서 인큐베이터 호박처럼 똑같은 옷을 입고, 비슷비슷한 교육을 받고 자랍니다. 부모들은 혹여 자녀가 크고 잘생긴 배가 되지 못하고 자잘한 돌배가 될까봐 노심초사하며 정성을 다해 뒷바라지를 합니다. 학교에서는 될성부른 나무들을 따로 골라 학교의 명예를 걸고 모든 관심을 쏟아 붓습니다. 그러나 걱정은 어른들의 기우입니다. 돌밭에서도 장애물을 피해가며 씩씩하게 자라나는 고구마처럼, 우리 아이들에게도 꺾이지 않는 왕성한 생명력이 있습니다. 고추를 오이로 키우려 해도 고추가 매운 제 본성을 잃지 않는 것처럼 말입니다.

아이들이 돌배가 되지 않도록 꾸준히 관심과 정성을 쏟는 것도 중요하겠지요. 그러나 스스로 자신의 깊이와 넓이를 키워 갈 수 있도록 한 걸음 물러나는 거리 유지가 더욱 중요한 것 같습니다. 넓은 세상에서 그 어떤 이름으로 살아가야 할지는 아이 자신이 선택해야 할 몫일 테니까요.

(2008년)

무논이 있는 풍경

흙이 가라앉은 논물은 맑다. 찰랑찰랑 잔물결 이는 무논은 명상에 잠긴 듯 평화롭다. 무논에는 논일을 하느라 분주했던 농부의 발자국이 선명하게 찍혀 있고, 송홧가루와 검불들이 논 가장자리로 노랗게 밀려와 물결에 흔들린다.

무논은 생명을 키우는 곳이다. 모내기한 벼들이 한여름 땡볕에 검실검실 제 키를 키워 가면 개구리밥, 가래 같은 식물들이 이웃이 되어 터를 잡는다. 올챙이에서부터 논우렁이, 게아재비, 물장군, 물방개, 소금쟁이들도 슬금슬금 세 들어 살림을 차리고, 메뚜기와 거미, 물잠자리들도 한몫 거들며 여름의 열기를 돋운다.

무논은 어린모가 시집와서 한생을 살다 갈 신방이다. 5월의 무논을 보고 있으면 경쾌한 꽹과리 소리가 들려올 것만 같다. 무논은 잔칫날을 기다리는 신랑의 마음 같은 설렘이 있다. 낮이면 초

여름 맑은 바람이 물결 그림 그리며 신방을 비질하고, 밤에는 흥 오른 객꾼마냥 빽빽 와글와글 개구리들이 기분 좋게 노래 부르는 곳이다. 이를 지켜보던 달님도 몰래 방안을 엿보듯 가만히 얼굴을 내밀어 보는 곳도 바로 이 무논이다.

때론 물이 가득 담긴 논은 아무것도 그리지 않은 백지처럼 순결해 보인다. 머지않아 들판은 새색시 같은 연둣빛 모로 가득 찰 것이다.

5월의 아침나절이다. 아까시 꽃빛같이 부연 흙물이 흥건한 무논에서 늙은 농부가 손길을 서두른다. 하마 써레질은 끝이 났는지 차진 논바닥의 흙으로 논두렁을 만들고 있다. 흘러내린 땀을 닦느라 삽을 논바닥에 꽂은 채 밀짚모자를 벗고 올려다보는 5월의 창천이 찬물에 헹구어낸 듯 푸르다.

겨우내 잠자듯 엎드려 있던 논밭의 흙빛에도 푸근한 온기가 서리고, 산수유 노란 꽃물이 마른 나뭇가지에 봄 입김을 불어 넣으면서부터 농부의 가슴은 설레기 시작했겠지. 양력과 음력이 검정, 파랑 글씨로 커다랗게 표시된 달력을 보면서 우수 · 경칩 · 청명 · 곡우 절기에 맞춰 뒷밭에 거름을 내고, 헛간에 걸린 농기구들을 옹이진 손으로 쓰다듬기도 하였을 것이다. 튼실한 놈으로 볍씨를 골라 물에 담그고, 기도하는 마음으로 못자리를 만들었겠지. 모판에 모들이 꽃샘바람에 여린 연둣빛으로 파르르 떨 때면, 논바닥 같던 가슴에도 봄풀 같은 실금이 가며 마음이 아리기도 했을까?

농부에게 논은 무엇이었을까? 밭고랑처럼 깊이 주름진 농부의 저 얼굴도 한때는 물오른 신록처럼 푸르렀겠지. 자고 나면 새 힘이 울뚝불뚝 솟아 몇 마지기 다랑논도 거뜬히 갈아엎던 그런 청춘의 한때가 분명 있었겠지. 알뜰살뜰 농사지은 벼는 아이들의 새 운동화가 되고, 등록금이 되고, 딸내미 시집보낼 목돈이 되기도 하였을 것이다. 하얀 쌀은 기름기 자르르 흐르는 이밥이 되어 밥상에 오르고, 장날이면 가끔씩 맛보는 고등어 한 손 되기도 하였겠지.

그러나 언제부터인가 쌀밥 나던 옥토는 보상금 몇 푼에 도로가 되어 버렸고, 때로는 아들들의 사업 자금이 되기도 했으며, 도시로 나간 자녀들의 전세금이 되어 헐값에 차례차례 외지인 손에 넘어 갔겠지. 그렇게 멀쩡한 논들은 묵정밭이 되었다가 도로가 되고, 공장이 되고, 아파트단지가 되었겠지. 소처럼 평생을 땅에 엎드려 살아온 농부들, 그나마 이제는 늙은 노인들만 지키고 있는 땅이다. 농부의 몸피가 오늘따라 허수아비의 그것처럼 허허로워 보인다. 그래도 차마 땅에 대한 믿음을 버리지 못하고 절기에 맞춰 논을 갈아엎고, 논물을 잡아 생명을 키울 터전을 마련하고 있는 이들이 한없이 고맙게 느껴진다.

무논을 보면 먹지 않아도 저절로 배가 부르다. 이제 저 무논에 심겨질 모들은 손자손녀의 용돈이 되기도 하고, 신경통 앓는 마나님의 약값이 되기도 할 것이며, 소복소복 하얀 쌀이 되어 택배로 아들네 딸네의 아파트로 배달되겠지. 그러면 자손들은 그 밥을 먹고 건강하고 바르게 하루하루를 열심히 살아갈 것이다. 논두렁을 고르는 농부의 팔뚝에 불끈 힘이 들어간다.

모판의 모들이 연두저고리 입은 큰애기들처럼 바람에 수줍게 재잘댄다. 종달새 한 마리 어디론가 바쁘게 날아간다. 생명을 키울 무논은 하늘을 가득 담고 아무것도 모른 척 그저 고요하기만 하다.

(2008년)

신新명절 풍속도

덥다 더워 아우성에 팔월이 지나가고, 구월이 돌아와도 더운 건 여전하네. 달력 보니 한가운데 빨간 글씨 반갑구나. 자세히 살펴보니 한가위라 적혀 있네. 천안에서 부산까지 멀고먼 팔백 리 길, 차가 밀려 어이 갈꼬 걱정 가득 밀려오네.

차에는 기름 가득 도로비도 만만찮고, 추석빔에 명절 선물 양가어른 용돈 준비, 현금 찾아 준비하니 허리가 휘어지네. 오랜만에 얼굴 보는 많고 많은 조카들도 삼촌고모 기다려서, 맨손으론 못 간다네. 아이들은 명절 좋다 손꼽아 기다려도 명절 준비 생각하면 머리부터 아파오네.

에고 서러워라, 시댁에 도착하니 가는 곳이 다르구나. 남편은 소파에서 손님대접 융숭한데 이 내 몸은 무슨 조화 부엌으로 가야하네. 밀리고 부대끼며 운전한 건 반반인데 몰라주는 남편 미워 눈흘기며 바라보니 은근슬쩍 먼데 보며 딴청피우니 더 밉다네. 여든다섯 시어머니 열일곱에 시집와서 육십 년을 부엌에서 똑같은 일 반복하네. 맏며느리 큰형님도 시집온 지 삼십여 년, 명절이면 몇날 며칠 제사 준비 골병드네.

내일이 추석이고 음식 재료 산더미라, 아침 일찍 일어나서 종종걸음 바쁜 중에 기특한 우리 남편 좋은 제안 환영받네. 큰집 근처 사직구장, 마침 오늘 경기 있네. 음식 준비 끝내놓고 가족 모두 야구 구경 가자 하네. 조카 시켜 표 끊었네, 1루석 좋은 자리. 다섯 시면 경기 시작, 그때까지 음식 준비 마쳐놓고 가야 하네. 형님은 부엌에서 큰조카랑 튀김하고, 거실에선 나와 딸이 전 부치고 산적 굽네. 어여뻐라 우리 남편 부침개도 잘 뒤집네. 온 가족이 힘 합치니 힘든 일도 신이 난다, 콧노래가 절로 나네.

반갑다 사직구장 오랜만에 내가 왔다. 다섯 시도 되기 전에 경기장은 들썩들썩, 사람들로 인산인해, 명절 기분 나는구나. 한복 입은 치어리더 종아리도 미끈하네. 흥겨운 우리 가락 어깨춤이 절로 나네. 한마음 한뜻으로 부산 선수 응원하니, 선수들도 힘을 내어, 안타 치며 진루하네. 얼씨구나 좋을시고 우리 선수 잘 싸운다.

사직구장 명물 응원 신문지와 봉다리라(비닐봉투), 신문지는 잘게 찢어 수술처럼 흔들고요, '봉다리'는 바람 넣어, 귀에 걸어 머리에 쓰니, 팔순 넘긴 우리 엄니 이팔청춘 꽃색시 그 시절로 돌아갔네. 가족 모두 봉지 쓰고, 기념사진 찍을 적에 전광판에 우리 얼굴 때맞춰 비춰주니 이 또한 기쁘구나.

파도타기 응원에도 이 내 몸이 빠질쏘냐! 두 손 높이 들고, 함성 질러 일어나니 경기장이 쩌렁쩌렁 스트레스 달아난다. 구단 측의 이벤트라 댄싱퀸을 뽑는 구나, 흥겨운 음악 맞춰 정신없이 몸 흔드니, 차례차례 전광판에 그 모습을 비춰주네, 푸짐한 경품이 보너스로 따라가네. 또 다른 이벤트라 그 이름은 '키스타임', 전광판에 비친 사람 주저 않고 키스하니, '젊은이만 입 맞추나! 우리도 할 수 있다.' 오륙십대 부부들도 거침없이 금슬 자랑, 행여 하는 마음으로 입술부터 적셔놓고, 전광판에 내 모습 비춰주길 기다리나, 야속한 카메라는 엄한 데만 비춰주네.

떠들썩한 부산구장 무엇하나 궁금했나? 보름달이 휘영청 구름장막 걷어내고 동쪽 하늘 비춰주니 추석이라 한가위, 우리 명절 틀림없네. 경기 결과 상관없이 즐겼으니 기분 좋다. 발전했네, 관람문화 너도나도 적극 참여, 주인손님 따로 없네, 내가 바로 주인일세. 줄서는 건 기본이요, 배려는 덤이라네. 나눠준 '봉다리'에 쓰레기를 담아가니 수준 높다 사직구장, 고마워라 시민의식.

'더도 덜도 말고 한가위만 같아라.'고 예부터 말 있어도 남자들만 좋았더라. 하루 종일 제사상과 다과상에 술상과 밥상이라. 상 차리다 명절 가니 어떤 이가 좋아할까? 음식은 간단하게 제상에 올릴 것만 만들고서, 남는 시간 가족 모두 문화생활 즐기면 그 누가 싫어할까, 어서 가자 환영하지.

명칭만 달랐다 뿐, 며느리 시뉘 따로 없다. 시집이건 친정이건 힘 합쳐서 상 차리고 설거지도 같이 하자. 어리석은 남편들아, 손은 없고 입만 있나? 차려주는 음식만 에헴 하며 받아먹다 집에 가서 혼나더라, 왕바가지 긁히더라. 명절 뒤끝 오래간다, 곶감보다 무섭더라. 마누라가 병이 나면 누가 제일 불편할꼬? 미리미리 챙겨주고 배려하며 살다 보면, 받은 것의 몇백 배로 돌려주는 아내더라, 고마움을 안 잊더라.

세상 많은 남편들아, 이내 말을 가슴 깊이 새겨듣고, 돌아오는 설날에는 가족 모두 참여하는 기쁜 명절 만들어서, 아내한테 사랑받는 멋진 낭군 되어보세.

(2011년)

Ⅲ.

숨바꼭질

들꽃에게 말 걸기

"가위 바위 보."

"보."

모녀는 부지런히 길을 걸으며 게임에 열중이다. 한 손에는 아까시 잎을 들었고, 가위 바위 보에서 이길 때마다 이파리를 하나씩 떼어낸다. 길옆으로는 소나무 숲과 고구마, 고추, 감자밭이 연이어 있다. 이따금 불어오는 바람은 시원하고, 풀냄새와 나무냄새가 섞여있어 코가 저절로 벌름거려진다. 숨 쉬는 것마저 기꺼운 들길이다.

'아까시 잎 떼기' 놀이가 끝나면 식물 이름 맞히기 게임을 한다. 주로 엄마가 문제를 내고 아이가 맞힌다.

"이 꽃 이름이 뭐더라?"

"그건 쉽다. 개망초."

"딩동댕! 그럼 이건?"

"음~ 옥수수! 그리고 저건 고추고, 저건 상추, 그리고 저건 아주까리."

아이는 묻지도 않은 것까지 한꺼번에 줄줄 왼다. 처음보다는 아는 이름이 많이 늘었다. 그러나 아직 익혀야 할 것은 많다. 아이는 가끔씩 엄마가 모르는 풀이름을 묻기도 한다. 그러면 함께 식물을 자세히 관찰하고 나중에 인터넷이나 식물도감에서 찾아보곤 한다.

식물 이름 맞히기가 시들해지면 아이는 이야기를 해 달라고 조른다. 왜 만날 엄마만 이야기를 해 줘야 하냐고 되물으면, 엄마가 이야기 하나 해 주면, 자기도 하나 해 주겠다고 한다.

"무슨 이야기 해 줄까?"

"엄마 아까 읽던 책, 그거 무슨 이야기야? 그 얘기해 줘."

엄마는 가능한 아이가 이해하기 쉽게 생각을 정리해가며 이야기를 시작한다. 아이는 집중해서 잘 듣는다. 엄마의 이야기가 끝나면 아이는 기다렸다는 듯이 동화책에서 읽었던 이야기나, 학교에서 봤던 만화영화 이야기, 또는 친구들과 있었던 이야기들을 신이 나서 풀어 놓는다.

어느새 해를 등지며 걷던 길의 방향이 바뀌고, 돌아오는 길은 눈앞에 넓은 하늘을 배경으로 노을이 병풍처럼 장엄하게 펼쳐진다. 크고 붉은 해를 바라보며 둘은 잠깐 말을 잊는다. 바람이 불어 구름은 수시로 모습을 바꾸고 지는 해의 움직임에 따라 색깔도 달라진다. 아이에게 슬그머니 구름의 색깔을 물어본다.

"분홍, 아니 보란가? 오렌지색 같기도 하고, 암튼 엄마, 엄청 예쁘다. 그치!"

엄마는 아이의 대답에 들어있는 느낌표에 귀를 기울인다. 자연을 가슴으로 보고 느끼며 감사할 줄 아는 아이, 계절마다 바뀌는 들판의 미세한 변화까지 읽어 낼 줄 아는 아이, 나아가 그런 아름다움을 말이나 글로 표현할 수 있는 아이, 그렇게 모든 살아있는 것들과 교감할 수 있는 사람으로 자랐으면 하는 게 엄마의 바람이다.

처음에 아이는 걷는 것 자체를 힘들어했다. 산책을 나가 이삼십 분만 지나면 다리가 아프다고 집으로 돌아가자며 투덜대곤 했다. 그러나 지금은 그 시간을 매우 즐긴다. 집에서 시골길을 한 바퀴 돌아오는데 한 시간 정도 걸린다. 그러나 일정치는 않다. 길섶에 앉아 둘이서 정신없이 놀다보면 시간이 훌쩍 지나가곤 한다. 때로는 농로를 마다하고 구불구불한 논두렁을 걷다가 개구리 때문에 놀라 허둥대며 달리기도 한다. 그러다 둘은 큰 소리로 깔깔대며 웃는다. 재미있는 일은 습관으로 자리 잡기가 한결 수월한 모양이다.

꽃다지, 민들레, 냉이, 지칭개, 애기똥풀, 메꽃 같은 식물들은 우리나라 어떤 시골길에서나 흔하게 만나볼 수 있는 풀들이다. 그러나 이런 풀들의 이름을 알고 있는 사람은 생각보다 그리 많지 않다. 밭에 심겨진 작물의 이름도 마찬가지다. 시골에서 나고 자란 사람도 자기 고장에서 자주 심던 식물 이름은 알아도 다른 것은 일부러 찾아보지 않으면 알기가 어렵다. 나도 어른이 다 된 후에야 담배나, 생강, 땅콩 같은 작물의 이름을 알았다. 우리 고장에서는 잘 심지 않던 식물이기 때문이다. 누구나 경험하지 않은 걸 알기란 어려운 일이다.

어느 날, 산책을 갔다가 활짝 핀 도라지꽃이 예뻐서 한 송이 꺾어 왔다. 소주잔에 꽂아 두고 아이들에게 꽃 이름을 물어보니 아무도 모른단다. 같은 학년이라 얼굴은 익숙해도 같은 반이 아니라 이름을 모르면 서로 서먹하다. 아는 얼굴도 자주 봐야 친해지고 아는 이름도 자꾸 불러야만 입에 붙는다. 친구도 자주 말을 섞어야 상대를 잘 알 수 있는 것처럼, 식물도 내가 아는 만큼만 좋아할 수 있다. 식물의 겉모습이 아무리 눈에 익어도 이름을 모르면 그건 그저 '한 포기 풀'일 뿐이다. 그러나 이름을 알고 한 번 소리 내어 그 이름을 불러줄 때 꽃과 풀들은 한결 더 친근함으로 다가와 친구가 된다. 숨김없이 자신을 드러내는 자연과 천진난만한 아이들은 닮은 구석이 많다. 공통점이 많으면 더 빨리 가까워지나 보다.

장마철이라 들판 산책이 한동안 뜸했다. 창밖에서 꽃들의 귓속말이 소곤소곤 들려오는 듯 귀가 간지럽다. 아이도 그 내밀한 언어를 알아들었는지 나보다 먼저 현관문으로 달려간다.

(2009년)

개구리와 올챙이

어떤 일이든 처음이 어렵다. 그러나 일단 시작을 하고, 어느 정도 불편한 시기가 지나고 나면 어느덧 습관처럼 익숙해진다.

아들이 운전면허 시험에 합격했다. 면허증이 나오자마자 호시탐탐 기회만 노리다가 내 차를 끌고 대전까지 갔다 오는 일이 벌어졌다. 집에서 아들이 올 때까지 기다리던 나는 속이 까맣게 타들어 갔다. 보험도 부부한정으로 들어둔 터라 불안이 더했다. 대전에 다녀오겠다고 해서 당연히 버스 타고 가겠거니 생각했다. 아들이 나가고 한참을 지나서야 아차 싶어 핸드백을 뒤져보니 자동차 열쇠가 없다. '얼마나 운전이 해보고 싶었으면……' 하는 생각도 들었지만 걱정은 줄어들지 않았다. 혹시 운전 중일까봐 전화를 할 수도 없었다. 저녁때가 다되어서 돌아온 아들은 아무렇지도 않은 듯 시치미 뗀 얼굴이었다. 피곤하다며 들어가 누운 아들을 보니 불현듯 내가 처음 운전대를 잡던 날이 생각이 났다.

17년 전쯤의 일이다. 그때도 지금처럼 이렇게 무더운 여름이었다. 부산에 살 때였고 유치원도 방학이라 집에서 가까운 '사직수영장'으로 아이들을 데리고 수영을 다녔다. 우리 집은 언덕 위에 있었고, 시원하게 수영을 마치고 20분 정도 걸어서 집에 도착해 보면 온몸이 다시 땀범벅이 되곤 했다. 남편이 해외출장 중이라 차는 며칠째 주차장에서 한가롭게 선탠을 즐기며 휴식 중이었다. 면허가 없는 것도 아니고, 차가 없는 것도 아닌데, 아이를 둘씩이나 데리고 바보처럼 땀을 뻘뻘 흘리며 언덕을 오르내리고 있는 내 모습이 무척이나 한심하게 느껴졌다.

그 길로 집에서 가장 가까운 운전학원으로 달려가 주행연수 티켓을 끊었다. 일 주일, 정확하게 말하면 오 일치였다. 그나마 차가 수동변속기라 주행연습이 쉽지가 않았다, 사흘째 되는 날, 일 주일 분을 더 끊었고, 둔한 운동신경이지만 열심히 배웠다. 2주일이 지나자 어느 정도 자신이 생겼고 머릿속에는 온통 운전할 생각뿐이었다.

먼저 가까운 거리에 위치한 시댁부터 가보기로 했다. 운전대를 잡기 전부터 머릿속의 나는 이미 멋진 운전자가 되어 시원하게 도로를 달리고 있었다. 큰길 건널목에서는 요렇게 하고, 큰집 앞 도로에서는 이렇세 유턴을 하고 주차는 어떻게 할 건지 운전대에 앉기 전부터 수십 번 상상을 해 보았다.

그렇게 생각했던 대로 큰집에 무사히 다녀오자 더 큰 용기가 생겼다. 부산에서 통도사 근처인 친정까지 다녀오기로 했다. 마침 주말이라 아이들을 뒷좌석에 태우고 용감하게 출발했다. 초보 딱지를 야무지게 붙이고, 고속도로에 들어섰다. 상상으로 그려볼 때 제일 난코스라고 여겼던 고속도로 요금표도 무사히 뽑았다. 이젠 계속 달려 친정까지 가기만 하면 됐다. 그러나 어떻게 된 영문인지 내차가 1차선에서 달리고 있었다. 온통 신경은 전방만 주시하고 있었다. 그때 뒷좌석에 있던 아이들이 말했다.

"엄마, 옆에 트럭아저씨가 엄마보고 막 뭐라고 하는데."

"아저씨가 화 많이 난 것 같아!"

"옆에 차들이 다들 엄마보고 뭐라고 하고 가는데."

"엄마, 무서워!"

그러나 어쩔 수 없었다. 백미러를 보며 왼쪽으로 차선을 바꾸는 건 하겠는데 오른쪽으로 차선을 변경하는 건 영 자신이 없었다. 차들은 계속해서 씽씽 달려오지, 거리감이나 속도감을 알고 신속하게 차선을 변경해야 하는데 도통 뭐가 뭔지 정신이 하나도 없었다. 그렇다고 옆 차선을 바라볼 겨를도 없었다. 그저 앞만 보면서 꾸벅꾸벅 절을 하며 갈 수밖에 없었다. 나름 그런 마음이었다. '죄송합니다. 초보라서 운전이 서툽니다. 저도 2차선으로 빠지고 싶지만 그게 쉽지 않습니다. 이게 제가 갈 수 있는 최고의 속도입니다. 죄송합니다. 죄송합니다.' 그렇게 차들이 2차선으로 갔다가 다시 내 차 앞으로 앞지르기를 할 때마다 하릴없이 앞만 보며 꾸벅꾸벅 수없이 절을 했다.

진땀을 바가지로 쏟으며 친정집에 도착하자 온몸이 녹초가 됐다. 벌써부터 집에 갈 일이 걱정이 됐다. 손수 운전까지 해 친정에 온 딸을 위해 어머니가 정성껏 마련해준 음식을 먹으면서도 무슨 맛인지 느낄 수가 없었다. 어떻게 아이들을 데리고 무사하게 집까지 갈지 걱정이 태산이었다. 그런 내 고민을 시원하게 해결해 준 것은 다름 아닌 한국과 일본의 축구경기였다.

우리나라 사람들의 축구사랑은 대단하다. 그런데 한 · 일전이다. 특별히 중요한 일이 아니라면 휴일 오후에 고속도로로 나갈 일이 적다. 왜? 축구를 봐야하니까! 나의 예상은 적중했다. 축구경기가 있는 시간에 맞춰 고속도로에 들어섰더니 이보다 더 좋을 수가 없었다. 도로를 텅 비워 놨다. 마치 '주행연습 하세요. 원 없이, 맘껏.' 하는 것 같았다. 그렇게 한 · 일 축구경기의 도움(?)으로 무사히 집에 돌아온 나는 이후로 남편의 출퇴근도 도맡아 시키며 지금까지 큰 사고 없이 운전을 잘 해오고 있다.

세상모르게 잠들어 있는 아들의 얼굴 위로 17년 전 허둥대던 내 모습이 겹쳐진다. '그래, 그렇게 그런 과정을 거쳐야만 올챙이도 개구리가 되더라. 넌 내 아들이 분명하구나. 아이를 둘씩이나 싣고 무모하게 고속도로에서 운전대를 잡았던 나보다 그래도 네가 낫구나. 한 · 일 축구경기도 없었는데 무사히 집에 돌아오다니 장하다.'

아들은 신나게 도로를 달리는 꿈이라도 꾸는지 얼굴에 웃음이 번지고 있다. 휘감고 자는 여름이불 새로 털이 부숭부숭한 다리가 쑥 삐어져 나와 있다. 순간 어떤 동요가 생각이 난다.

"앞다리가 쑥, 뒷다리가 쑥, 팔딱팔딱 개구리 됐네."

(2012년)

마주 보기

일요일이었다. 오랜만에 온 가족이 늦잠으로 오전 시간을 보냈다. 점심때가 돼서야 느지막이 아침을 먹고, 대학생인 아들과 남편은 집 앞 당구장으로 회동했다. 아들은 제 또래들 사이에서는 공을 좀 치는 편인데 아빠에게만은 도저히 안 된다며 너스레를 떨더니 아빠에게 한수 가르쳐 달라며, 이제 막 무림에 입문한 도령이 고수에게 배움을 청하듯 간절한 눈빛을 보내며 아빠를 재촉했다. 남편도 그런 아들이 싫지는 않은지, '네 성의가 갸륵해서 내 친히 비법을 전수해 주마.' 하는 표정으로 외투를 챙겨 입고 일어났다.

장정 둘이 빠져나가고 나니 갑자기 집안에 정적이 돌며 고요해졌다. 그때 큰딸이 "엄마, 우리 목욕탕 갈까?" 했다. 딸아이 입에서 그런 말이 나오다니, 의외였다. 이제껏 초등학생인 막내딸과 목욕을 가면서 큰딸에게 함께 가자고 해보았지만 늘 고개만 저었었다. 집에서 등 밀어 달라는 말도 없이 살짝살짝 혼자서만 목욕을 하던 아이였다. 딸아이의 마음이 변할까봐 얼른 고개를 끄덕였다. 막내딸은 화장실에서 부지런을 떨며 막 샤워를 끝낸 참이라 혼자 놀고 있으라며 떼어놓고, 모처럼 큰딸과 둘이서만 알몸 데이트를 가졌다.

일요일이라 목욕탕은 사람들로 붐볐다. 무심하게 옷을 벗어 옷장에 넣는 나와는 달리 딸아이는 속옷을 벗으면서 타월로 몸을 가렸다. 안 보는 척 하면서 흘금흘금 딸아이의 몸을 보았다. '언제 이만큼이나 자랐는지!' 엄마보다 머리 하나는 더 보태게 큰 키에 부쩍 어른으로 자라있는 딸아이의 몸. 비밀스럽게 차곡차곡 쌓아온 성장의 시간들이 고스란히 흘금거리는 내 눈 속으로 들어왔다.

새 학기가 되면 딸은 고3이 된다. 딸에게 중학교 때부터 지금까지 짧지 않은 시간들이 사춘기였던 셈이다. 사춘기가 시작되면 아이들은 급격한 신체적 · 생리적 변화를 경험하게 된다. 그 소용돌이의 한복판에서 딸아이도 예외 없이 매우 예민해졌고 또한 비밀스러워졌다. 혼자 방문을 닫아거는 시간이 길어졌고, 책상유리 밑에는 멋진 연예인들의 브로마이드가 장식되는가 하면, 이성적 존재의 대체물로 또래의 우상들에게 마음을 빼앗기며 열광하기도 했었다.

자주 거울을 보았고, 앞머리가 이마 위로 가지런히 내려와 있다가도 어느새 핀으로 깔끔하게 올려붙인 머리 모양을 연출하기도 했다. 엄마와 제 몸을 비교하면서 좋은 점은 닮지 않고 나쁜 점만 닮았다며 제 몸에 대해 이러니저러니, 주로 불만인 말들을 늘어놓기도 하였다. 어쩌다 기척 없이 제 방문을 열면 무식한 사람으로 취급하며 강하게 불만을 토로하기도 했다.

그렇게 비밀스러웠던 아이가 제 스스로 그 문을 열어젖힌 것이다. 나비가 깜깜한 고치 속에서 긴 어둠을 견디고 한 마리 아름다운 나비가 되듯이 딸에게도 성장의 시간들은 꽤나 비밀스럽고 긴 시간들이었던 것 같다. 내가 저를 곁눈질하듯 딸 또한 엄마의 말투나 행동 하나하나까지 거의 모든 일상들을 곁에서 지켜보아 왔다. 그중 어떤 것에서는 고개를 끄덕이기도 했을 것이고, 어떤 것에서는 '난 엄마처럼 살지 말아야지.' 하며 다짐해 보기도 하였으리라. 그렇게 제 가치관의 뼈대를 세우고 살을 붙여가며 미숙하지만 나름의 좌우명을 가슴에 새겨보기도 하였으리라.

엄마에게 딸은 특별한 존재다. 남들에게 차마 하지 못할 고민도 딸에게는 할 수 있다. 또 남들이 머뭇거리다 못하는 엄마의 단점도 딸은 서슴없이 꼭 집어 충고하기도 해서 당황하게도 만든다. 하지만, 엄마가 가진 장점을 치켜세우며 기를 북돋을 줄도 안다. 그런 딸아이를 보면서 일각이라도 허투루 살아선 안 되겠다는 삶의 전의를 다시 한 번 다져보게 된다.

엄마에게 딸은 거울 같은 존재다. 편하게 입으려고 사다놓은 티셔츠나 남방 셔츠 중에서 심플한 디자인은 두어 번 입고 나면 아예 딸아이 옷장에 걸려있기 일쑤이지만 노한 마음은 일지 않는다. 내가 입었던 옷을 나를 쏙 빼닮은 딸이 떡하니 입고 있으면 내가 입었을 때보다 옷발이 훨씬 더 산다는 생각이 들면서, 한 단계 진보된 유전의 실체를 보는 것 같아 한껏 기분이 고무될 때가 있다. 가끔은 시간을 거꾸로 돌려 그맘때의 내가 서 있는 것 같기도 해서 마음에 초록물이 들며 얼굴이 함박꽃처럼 붉어질 때도 있다.

아이들이 어릴 때는 부모를 완벽한 존재로 여긴다. 그러나 생각이 자라고, 나이가 들수록 부모도 불완전한 존재라는 걸 차츰 이해하게 된다. 부모 또한 자녀를 통해 자신의 부족함을 발견하고 이를 채우기 위해 더욱 더 분발하게 된다. 그렇게 자녀가 자라는 것만큼 부모도 조금씩 둥글둥글 모난 부분을 깎으며 어른이 되어 간다. 자녀를 키우는 것은 나를 되돌아보는 일일지도 모른다. 자녀가 바르게 자라기를 바라는 만큼 내가 더욱 반듯해져야겠다는 마음, 자녀들 앞에서 적어도 부끄럽지는 말아야겠다는 각오를 다지게 된다.

어느새 성큼 자란 딸아이를 보며 많은 생각들이 스친다. 앞으로 살아가야 할 많은 날들, 친구 같고, 언니 같고, 동생 같고, 아주 가끔은 엄마 같기도 한 그런 과년한 딸을 거울처럼 마주보며 미숙하고 부족한 엄마는 오늘도 조금씩 둥글어지는 연습을 한다.

(2011년)

네잎클로버

5월의 들길을 걷는다. 어제 내린 비로 말끔히 세수한 잎사귀들이 바람에 몸을 흔든다. 부딪는 풀잎에서 쟁그랑 쟁그랑 맑은소리가 들려올 듯하다. 이틀 전보다 한 뼘이나 웃자라 있는 풀들, 그중에서 클로버가 가장 먼저 눈에 들어온다. 아이는 가던 걸음을 멈추고 잎사귀를 헤치며 네잎클로버를 찾는다. 앉은걸음을 한 발짝씩 옆으로 옮겨가며 눈은 풀덤불에 고정돼 있다. 잠시 후 환호가 터진다. 네잎클로버를 손에 쥔 아이의 얼굴이 5월의 신록 같은 환한 기쁨으로 부풀어 오른다.

아이는 네잎클로버 찾는 눈이 나보다 더 밝다. 함께 풀 섶을 뒤져도 더 빨리, 여러 개를 찾아내곤 한다. 매번 산책을 나갈 때마다 네잎클로버를 찾느라 시간이 길어진다. 누가 만들어낸 말인지, 네잎클로버는 행운을 가져다 준다고 한다. 아이가 찾은 네잎클로버의 숫자만큼 앞으로 아이에게 많은 행운이 함께할 것 같은 기대가 있기에 시간이 늦어져도 대수롭지 않게 여겨지게 된다.

문득, '이제껏 내가 찾아낸 네잎클로버는 모두 몇 개쯤 될까?'하는 생각을 해 본다. 어린 시절, 고향의 논두렁이나 밭머리에서 찾아냈던 네잎클로버도 있었겠고, 학교와 집을 오가며 친구와 수다를 떨다 우연히 찾게 된 것도 있었을 것이다. 그이와 데이트하던 숲길에서 두근거리는 마음으로 찾아 낸 것도 있었겠고, 첫아이를 업어 달래며 서성거렸던, 신혼시절의 아파트 근처 풀밭에서 찾은 것도 있었으리라. 그중, 어떤 건 곱게 펼쳐 책갈피에 간직했었고, 어떤 건 빳빳하게 코팅해 좋아하는 친구에게 선물로 주기도 했었다. 많은 네잎클로버 중 어떤 건 하얗게 탈색된 채 아직도 내 책들 중 어떤 페이지에 꽂혀있을 것이고, 어떤 것은 책과 함께 진즉에 재생지 공장으로 보내지기도 했으리라.

네잎클로버를 찾아낸 순간, 우리는 자신의 일상을 되돌아보게 된다. '지금 내가 원하는 행운은 뭘까?' '내가 찾아낸 네잎클로버가 내 삶에 어떤 행운을 가져오면 좋을까.' 하며 잠깐이라도 네잎클로버와 연결시켜 내 삶을 객관화하게 된다. 지금 내가 하고 있는 일들을 떠올려 보게 되고, 가족들의 근황도 생각하게 된다. '어쩌면 내 일이, 어쩌면 남편이나 아이들 일이 이 네잎클로버로 인해 술술 잘 풀릴지도 모르겠다.'는 생각을 하게 된다.

이렇게 근거는 없지만 막연한 기대와 긍정이 넓고 강력한 에너지가 되어 우주의 먼 곳까지 플러스적인 파장을 쏘아 보내게 되고, 동시에 내 안에서도 변화가 일어난다. '행운이 올 거니까 더 열심히 해야지.'라며 스스로 다짐하게 되고, '분명히 그이나 아이들도 잘해 낼 거야.' 하는 믿음이 생겨나게 된다. 네잎클로버는 이러한 과정을 거쳐 우리의 삶에 때때로 기적 같은 행운을 불러오게 되는 것이다.

행운은 이미 내 주위에 언제나 존재하고 있다. 그러나 우리는 너무 자주 그것을 잊는다. 그래서 먼 곳에서만 애써 찾으려는 어리석음을 저지르곤 한다. 동화 「파랑새」에서처럼 그토록 애타게 찾아 헤맸던 파랑새는 지쳐 포기하고 돌아온 집, 처음 여행을 떠났던 출발점에서 발견하게 된다. 이처럼 우리는 이미 내 곁에 와 있는 행운을 단지 눈이 밝지 않아 얼른 알아보지 못하는 것일 뿐이다.

행운은 현실을 긍정할 때 찾아온다. 들에 모심기가 한창이지만 내 손으로 모 한 포기 심지 못했다. 그렇지만 나는 밥을 굶지 않는다. 뿐만 아니라 끼니때마다 고기와 야채, 그리고 싱싱한 과일도 번갈아가며 먹을 수 있다. 이런 평범한 일들이 어떤 이들에게는 간절함이 될 수도 있다. 북한의 시골마을이나 사막화된 소말리아에서는 지금도 굶주리는 사람들이 많다고 한다. 조금만 생각을 바꾸면 지금 내가 가진 것들의 가치가 달라진다. 이렇게 보면 세상에 행운이 아닌 것이 없으며 감사하지 않을 것이 없다.

든든한 가족이 한 지붕 아래서 함께 살 수 있는 행운, 그 가족이 모두 건강하다는 행운, 이렇게 귀엽고 사랑스러운 딸이 있다는 행운, 그런 딸과 여유롭게 산책하는 시간을 가질 수 있는 행운이 있다. 내 이름으로 등기된 한 뼘 땅이 없어도 섭섭할 건 없다. 집 가까운 곳에 이렇게 아름다운 들판이 있고, 그 시골길로 매일 산책을 할 수 있으니 그것으로 만족이다. 들판을 걷는 그 시간만큼은 모든 나무, 풀, 하늘, 바람, 날아오르는 새들까지도 모두 나의 소유가 된다. 내가 느끼는 만큼 내 것이 되는 자연이다. 긍정의 눈으로 보면 행운의 목록은 끝없이 길어진다.

네잎클로버는 우리의 마음에서 긍정을 불러오는 작지만 힘 센 파문이다. 네잎클로버가 우리 마음에 던진 긍정의 파문을 따라 세상 보는 시각을 달리 해보자. 이미 내 곁에 와 있는 많은 행운을 발견하게 될 것이다.

(2009년)

수목들의 키 재기

냇물이 흐른다. 한겨울 두꺼운 얼음 밑으로 옹알이하듯 흐르던 냇물이다. 동장군의 기세가 한풀 꺾이면 냇물은 귓속말하듯 속삭이며 흐른다. 봄빛이 깊어지고 천지에 봄기운이 나른하게 퍼지면 냇물은 와글와글 한결 수다스러워진다. 기온이 오르고, 응달로 깊숙이 숨었던 마지막 얼음까지 깡그리 녹고 나면 냇물은 한결 우렁찬 합창 소리를 낸다. 시냇물 소리에 놀라 문득 눈을 들면 천지는 온통 초록으로 물들어 있다.

봄이 오기를 가장 손꼽아 기다린 건 아마도 갯버들이지 싶다. 하얀 털옷을 두껍게 껴입고 일찌감치 냇가에 나와 귀를 쫑긋거린다. 따뜻한 봄기운이 퍼지면 선수를 놓칠세라 서둘러 꽃을 피우는 것도 이 떨기나무다. 산수유 매화까지 꽃눈을 피우면 갯가에 풀들은 푸름의 기세를 더해가고 봄은 더딘 걸음으로 주춤대다가도 어느새 아주 가까이 와 있다.

거리에서 먼저 봄을 맞는 건 능수버들이다. 휘늘어진 연둣빛 가지마다 봄빛이 아련하다. 칙칙했던 거리가 불을 켠 듯 환하다. 이에 질세라 개나리 진달래가 서둘러 꽃을 피우면, 한 발 늦은 게 억울한 듯 목련도 하얗게 질려 새침한 꽃잎을 가지마다 터트린다. 이때쯤이면 '이젠 내 차례지.' 하듯 벚꽃이 연분홍 꽃들을 피워내고, 봄바람에 꽃잎이라도 날리면 그 꽃비를 맞고 다른 나무들도 하나 둘 기지개를 편다.

봄이라고 해서 모든 나무들이 서둘러 꽃과 잎을 피우는 것은 아니다. 유난히 게을러 보이는 나무가 있다. 담장 옆이나 뒤꼍에서 시치미를 떼고 서 있는 오동나무가 그 주인공이다. 4월이 되어도 마른 둥치에 헐벗은 가지로 서 있는 오동나무를 보노라면, 혹시 겨우내 잘못된 건 아닌가 하는 생각에 고개가 갸웃거려진다. 그러다 어느 날 문득 고개를 들어보면 가지에 앙증맞은 새잎과 보랏빛 꽃잎이 능청스럽게 매달려 있다. 그때쯤이면 이미 4월도 깊어 있기 마련이다.

아이들이 자라는 모습도 나무와 많이 닮았다. 일찍부터 쑥쑥 잘 자라는 아이가 있는가 하면 오동나무처럼 유난히 더디 자라는 아이도 있다. 우리 집 냉장고 옆 기둥에는 가족들의 키를 표시해 놓은 눈금이 있다. 아빠 키, 엄마 키, 언니 키, 오빠 키까지 다 자라버린 어른들의 눈금은 변함이 없다. 그러나 막내의 눈금은 많은 변화가 있었다. 이 집에 이사 오던 8년 전부터 꾸준하게 표시된 수많은 눈금으로 인해 조금 지저분하기까지 하다. 이제 1~2센티만 더 자라면 엄마의 키를 따라잡아 엄마 키 눈금 위쪽에 선을 그어야할 것 같은 반가운 생각이 든다.

아이들 한창 자랄 때는 키 재기는 신나는 놀이다. 몇 달이 채 지나기도 전에 위로 더 위로 눈금이 그어지는 걸 보면 뿌듯함 마음이 든다. 장바구니는 더 무거워지고, 요리하는 손에도 신명이 붙는다. '먹는 것만 봐도 배가 부르다.'는 말이 이해가 된다.

그러나 엘리베이터에서 유난히 키가 큰 또래를 보면 조바심이 난다. 우리 아이만 더디 자라는 건 아닌지 의심이 들어 학교에서 어디쯤 앉는지 묻게 된다. 옛날처럼 키대로 앉는 게 아니라서 앉는 위치로 키를 가늠하기는 어렵단다. 또래들 보다 큰지 작은지, 친구들의 평균 키를 캐묻게 된다. 그래도 그럭저럭 중간은 된다고 하면 그제야 겨우 안심이 된다.

늦자라는 아이를 보면 부모는 걱정이 된다. 병원에 가서 영양제도 맞히고, 한의원에서 한약도 지어다 먹인다. 그러나 조바심을 내고 신경을 쓰면 쓸수록 아이는 더 더디 자라는 것 같이 느껴진다. 마음을 푹 놓고 잊어버리고 있어야 더 잘 큰다. 마치 겉보기엔 메말라 보이던 봄 오동이 뿌리로부터 쉼 없이 수액을 빨아들였다가 도저히 더 못 참고 툭툭 새잎을 세상 밖으로 밀어내는 일과 같다.

짙어지는 햇살 따라 나무들이 성큼성큼 자란다. 시원스레 내리는 봄비를 맘껏 마신 새순들의 초록이 곱다. 자연의 섭리에 따라 온도나 습도가 맞을 때 잎과 꽃을 틔우는 수목이다. 갯버들도 산수유도 경쟁하듯, 내기하듯 속잎을 틔운 건 아니다. 다만 우리가 보기에 그렇게 보일 뿐이다.

시냇물의 합창소리에 발이라도 맞춘 듯 무럭무럭 자라는 봄의 수목들이 싱그럽다. 수목처럼 건강하게 자라는 아이들의 웃음소리가 푸르다. 이제 봄이 제법 깊었다.

(2014년)

숨바꼭질

지루한 장마다. 낮게 가라앉은 회색 구름은 하늘에 제멋대로 우울한 그림을 그리고 있다. 바람이 분다. 빗줄기의 방향을 가늠할 수 없다. 실내는 꽉 막힌 터널 속 같다. 숨이 막힌다. 한 줄 바람이나마 아쉬운 상황이지만 창문을 열 수가 없다. 옷을 한껏 껴입고 수증기 자욱한 목욕탕에 들어와 앉은 것 같다. 아침에 널어놓은 빨래는 아직 물기를 머금고 후줄근하게 빨랫줄에 매달려 있다. 걸레질을 하는 탁자 위로 비릿한 습기가 묻어난다. 등줄기와 가슴 사이로 땀방울이 주르르 흘러내린다.

거실 소파에는 며칠 전 부산에서 올라오신 아이들 할머니가 신문을 보며 누워 계신다. 고등학생인 큰아이는 여름방학인데도 수업이 있어 학교에 다녀온 후 줄곧 컴퓨터만 들여다보고 있다. 중학생인 딸아이는 이어폰을 끼고 침대에 누워 만화책을 보며 키득

대고 있다. 걸레질을 하던 손을 멈춘다. 당장이라도 터져버릴 것 같은 용암이 내 안에서 격렬하게 끓어오른다.

창 밖 놀이터는 흠뻑 비에 젖은 채 알록달록한 색이 더욱 선명해 보인다. 가끔씩 그네만 바람에 흔들릴 뿐 조용하다. 일곱 살인 막내딸은 창을 타고 흘러내리는 빗방울을 바라보다가 입을 삐죽인다. 똥땅거리며 피아노 숙제는 다 했다. 줄긋기, 색칠하기, 스티커 붙이기가 재미있는 학습지도 다 해버렸다. 인형을 유모차에 싣고 이리저리 다니며 소꿉놀이도 했다. 옆에 가서 어슬렁거려 봐도 언니와 오빠는 도무지 저랑 놀아줄 것 같지가 않다. 뭔가 심상찮아 보이는 엄마도 영 말 붙이기가 겁난다. 막내는 창가를 벗어나 소파에서 신문을 읽고 계신 할머니 옆으로 가 앉는다. 잠시, 뭔가를 생각하던 막내가 입을 열었다.

"할머니."

"응."

"신문 재밌어요?"

"뭐 그냥 그렇지. 왜?"

"할머니 저랑 숨바꼭질 하실래요?"

"엉, 숨바꼭질?"

할머니는 신문을 접으며 일어나 앉으신다. 할머니의 표정에 웃음이 묻어있다. 막내는 동그란 눈으로 할머니를 빤히 올려다보고 있다.

팔순인 할머니와 일곱 살 먹은 손녀의 숨바꼭질은 그렇게 시작

됐다. 먼저 숨으라는 할머니의 말씀에 게임이니까 그러면 안 된다며 가위 바위 보로 술래를 정한다. 까르르 웃음이 터진다. 거실 기둥에 눈을 가리고 할머니가 서 있다.

"하나, 둘, 셋, 넷…… 다 숨었나?"

저쪽 방에서 막내의 목소리가 들려온다.

"다 숨었다!"

소리의 방향을 따라 술래인 할머니는 막내를 찾아 나선다. 장롱 속에도 숨고, 책상 밑에도 숨고, 옷장, 창고, 베란다, 화분 뒤에도 숨는다. 조그마한 몸집인 막내가 숨을 곳은 많다. 할머니는 금방 들키고 더 오래오래 찾으러 다녀야 한다.

"오데 숨었노? 우리 예쁜이가 오데 숨었노?"

할머니는 분주하게 이 방 저 방 다니며 문 뒤며 장롱 속까지 살핀다. 신발장 쪽에서 키득키득 막내의 웃음소리가 들린다.

"까꿍, 찾았다!"

신발장 앞에서 막내와 할머니는 하하 호호 배꼽을 잡는다. 한참을 못 만났던 사람들 마냥 떠들썩하다. 부산스런 소리에 큰아이는 컴퓨터를 끄고 슬금슬금 거실로 나온다. 둘째도 만화책을 든 채 제방에서 삐죽이 얼굴을 내민다.

숨바꼭질의 유쾌함이 내게도 옮아온 것일까? 끓어 넘칠 것 같은 내 안의 용암이 차츰 잦아든다. 어느새 얼굴에 웃음이 번진다. 바가지에 감자를 담아와 껍질을 벗긴다. 할머니와 아이의 시원한 웃음소리가 축축한 공기를 창밖으로 날려버렸을까? 실내는 반짝

햇살이라도 든 것처럼 보송보송해진 것 같다.

속살 뽀얀 감자를 솥 가득 안치고 힘주어 가스 불을 켠다.

(2006년)

핑계

막내는 중학생이다. 성격이 좋아 마냥 웃고 다니던 아이가 요즘 좀 달라졌다. 얼굴에 여드름이 하나씩 솟고부터는 어느새 교복 치마의 길이가 점점 짧아진다싶더니 단정하던 앞머리마저 초가지붕의 이엉처럼 덥수룩하게 바뀌었다. 바쁜 아침 시간에도 고대기로 앞머리 모양을 내느라 시간과 전기를 허비하곤 한다.

며칠 전부터는 계속 '저지'를 사달라고 졸랐다. 백수들이나 입는다는 일명 '추리닝'이 뭐가 예쁘다는 건지, 교복 위에다 그걸 걸쳐줘야 중학생 패션이 완성되는 모양이었다. 나일론처럼 번들거리는 천에 옆줄이 죽죽 그어진 모양새며, 개성 없는 천편일률적인 차림새는 아니다 싶었고, 무엇보다도 십만 원이 넘는 가격도 부담스러웠다. 이런저런 이유로 매장에 가기를 미루고 있었으나

이거다 싶은 핑곗거리가 떠오르지 않았다. 내가 어렸을 때 엄마처럼 '장에 갔더니 물건이 다 팔리고 없더라.'고 할 수도 없고, '지난 장마에 옷 장수가 물에 떠내려가 버렸단다.'며 말도 안 되는 이유를 댈 수도 없는 노릇이었다.

옛날, 장터는 아이들이 가장 가보고 싶은 곳이었다. 장날이면 아이들은 기대가 컸다. 엄마 따라 장에 가는 게 제일 좋았지만 그게 그리 쉬운 일이 아니었다. 따라가겠다고 치마꼬리를 부여잡는 내게 엄마는 달래다가 호통을 치다가 그래도 안 되면 내가 좋아하는 물건을 사다 주마며 구슬리곤 했다. 전세가 불리해지는 걸 안 나는 항상 엄마에게 굴복해야 했다. 하지만 그리 호락호락 엄마를 보낼 수 없었다. "그럼, 꼭 사다 줘야 해!" 하며 확인을 했다. 내가 내건 조건은 사소한 것들이었다. 하얀 주름장식이 달린 양말이거나 맛있는 도넛, 새콤한 감귤 같은 것들이었다. 엄마의 주머니 사정을 알 리가 없었던 나는 평소 갖고 싶던 것들을 말했다.

약속만 믿고 엄마를 보내고 나면 해거름이 될 때까지 시간은 늦장꾸러기처럼 참 더디 갔다. 언니랑 놀다가도 엄마의 하얀 옷자락이 보이는지, 고개는 자꾸만 동구 밖을 향했다. 아직 해는 중천에 있고 저녁나절이나 돼서야 엄마가 온다.

동네 아줌마들과 함께 머리에 임을 이고 동구에 들어서는 엄마가 보인다. 멀리서도 걸음걸이만으로 엄마를 구별할 수 있었다. 만사 제치고 뛰어가 엄마를 맞았다. 엄마 머리에 인 커다란 보퉁이를 보면서 내가 주문한 물건이 그 속에 들어있을지 마른침이 꼴깍 넘어가곤 했다. 차마 길에서 풀어 보자고 할 수가 없어 꾹 참고 집에까지 온다. 하지만 입은 쉴 새 없이 내 물건에 대한 안부를 묻는다. 대답은 않고 아줌마들과 이야기만 길어지는 엄마의 걸음걸이가 왜 그리도 느리게 느껴졌던지!

대청마루에 당도해 성급하게 장 보따리를 풀어 보면 어떤 때는 기적처럼 내가 주문한 물건이 그 속에 있다. 그건 빨강색의 빛나는 에나멜 구두일 때도 있고, 맛있는 주전부리일 때도 있었다. 어떤 땐 보자기를 밑바닥까지 뒤져봐도 별로 신통한 물건이 나오지 않고 맨 찬거리나 농사에 필요한 것들만 나올 때도 있었다. 그럴 때는 엄마의 핑계가 시작된다.

"거 옷 장수가 지난 비에 물에 떠내려가서 장에 못 왔단다."

"구두가 다 팔리고 없더라."

엄마는 내가 주문한 물건을 꼭 사다 주려고 했으나 옷 장수나 신발 장수가 장에 오지 않았거나, 필요한 물건이 다 팔려서 못 사왔다는 거다. 늘 똑같은 궁색한 핑계다. 왜 장날마다 내가 사려고 했던 그 장수만 물에 떠내려가는지, 그래서 내가 원하는 물건을 살 수 없었던 건지, 물건을 사오지 않은 잘못은 엄마에겐 없는 거였다. 장날인데도 장에 오지 않은 그 사람이 잘못한 거였다.

울고불고 한바탕 난리를 치다 "다음 장에 꼭 사다 주마."라는 약속을 받아내곤 했다. 그뿐만 아니라 다음 장엔 나도 꼭 장에 따라가서 정말 옷장수나 신발장수가 물에 떠내려가고 없는지 확인해보리라고 마음을 다잡곤 했다. 그러나 다음 장날이 되면 똑같은 일들이 벌어졌고, 그렇게 가난했던 시절 엄마의 핑계는 내가 조금 커서 하얀 거짓말을 알아차릴 때까지 계속됐다.

중학생들의 이유 없는 집단성은 어제오늘의 일이 아니다. 밖에 나가보면 똑같은 머리 모양에 똑같은 차림새의 아이들을 무수히 볼 수 있다. 유행에 관해서는 일사불란하고도 거침이 없다는 느낌이 든다. 오죽하면 '중학생이 겁나서 북한이 못 쳐들어온다.'는 말까지 생겼을까! 지금 대학생인 아들이 중학생이었을 땐 등산복 브랜드의 아웃도어가 대유행이었다. 교복 위에 그걸 하나 걸쳐야만 학교에 갈 수 있었다. 교묘한 상술의 논리에 휘말리는 느낌이 있었으나 사춘기의 '막무가내'는 당할 재간이 없었다.

딸아이를 데리고 스포츠 매장에 들렀다. 매장이 북적북적했다. 딸아이가 원하는 색깔의 저지는 이제 막 마지막 옷을 누가 집어서 입어보고 있던 참이었다. 한발 늦은 셈이었다. 주문은 할 수가 있지만, 물건이 있는지 알아봐야 한단다. 잘됐다 싶었다. 좋은 핑곗거리가 생긴 셈이다. 딸아이도 별수 없었던지 순순히 나를 따라 매장을 나왔다.

어쩜 '옷이 다 팔리고 없더라.'라던 엄마의 핑계도 딱히 핑계만이 아니었을지도 모른다는 생각이 들어, 나도 모르게 벙싯벙싯 웃음이 나왔다.

(2013년)

집 지키는 여자

우아한 드레스차림, 자연스럽게 뒤로 틀어 올린 긴 머리, 귀 앞으로 굵은 웨이브가 몇 가닥 흘러내린다. 와인잔을 들고 여왕처럼 환하게 웃고 있는 여자, 바로 모델하우스의 광고 모델이다. 광고처럼 우아하게만 살 수 있다면 얼마나 좋을까?

아이들의 방학은 주부들에겐 힘든 시간이다. 한창 멋 부리는 아이들이 씻고 내놓는 수건이 만만치 않다. 다섯 식구가 아침저녁으로 한 장씩만 내놓아도 수건은 열 장이다. 빨래를 널고 돌아서면 빨래 바구니엔 또 가득 빨래가 담겨있다. 양말을 뒤집어 내놓는 건 애교요, 자고 난 이부자리 정리는 덤이다. 보고난 책이며 장난감도 여기저기 흩어져 있기 일쑤요, 끼니때는 또 얼마나 자주 돌아오는지. 안방 공부방을 오가며 주섬주섬 정리하는 나의 체온도 높은 수은주를 따라 자꾸만 상승한다.

주부에겐 자유가 없다. 책이라도 보려고 모처럼 의자에 앉으면 어느덧 숙제를 가져와 옆자리에 앉는 초등학생인 막내딸에게 엄마는 선생님이 되어야 한다. 저녁 무렵, 조용히 산책이라도 나가려면 혼자 있기 무섭다며 따라 나서는 아이 때문에 그것도 여의치 않다. 저녁이 되어 피곤해도 일찍 잠들 수가 없다. 고3이라 늦게까지 독서실에서 공부하는 아들을 기다리며 눈을 비빈다. 아들의 호출이 있으면 언제라도 차를 몰아 독서실로 달려가는 운전기사가 된다.

하루 종일 닦고 치워도 내일이면 또 다시 고스란히 어제만큼의 일거리가 쌓여있는 주부의 생활. 누군가가 사는 것을 고행이라고 했다. 그 말이 실감나는 요즘이다. 절간에 고요히 앉아 면벽 수도하는 수도승만이 수도자가 아니다. 살아가다 보면 엄마라는 이름으로 주부라는 이름으로 해야 할 일들이 너무 많다.

아이들이 매일 밉상만 부린다면 어찌 주부의 삶을 유지할 수 있으랴! 웃자란 키로 마치 다 자란 듯 말대꾸를 할 때는 밉다가도, 등 뒤로 돌아와 커다란 손으로 조근조근 어깨를 주무르는 큰아이의 손은 다정해서 따뜻하다. 텔레비전 드라마를 요일별로 챙겨보며 거실에서 빈둥대는 중학생인 둘째도 먼저보다 좀 더 오른 성적표를 내밀며 우쭐대며 좋아할 땐 마주서서 웃어주지 않을 수 없다. 샤워를 마친 막내가 시원하게 우유를 마시고 입가에 우유를 묻힌 채 하얗게 웃을 때면, 손이 많이 가서 힘들다는 생각이 들다가도 사랑스러움에 마구 뽀뽀를 퍼붓게 된다.

긴 손가락으로 제 앞 머리카락을 쓸어 넘기며 나를 보며 슬쩍 웃어주는 큰아이를 볼 때면 내게도 저만한 아들이 있구나 싶어 괜스레 어깨에 힘이 들어가곤 한다. 둘째는 딸이라 더욱 살갑다. 엄마가 설거지를 미루고 소파에서 졸다 일어나 보면 어느새 조용조용 그릇들을 씻어놓아 엄마에겐 큰 도움이 돼 주기도 한다. 세 아이가 어울려 도란도란 얘기를 나누는 걸 보면 내가 세상에 와서 제일 잘한 일이 세 아이를 낳은 일인 것 같아 마냥 행복해지곤 한다.

생각해보면 이렇듯 나의 인생에도 광고 카피처럼 주부라서 행복한 시간들이 있었다. 그런 소소한 행복들이 주부를 움직이게 하는 힘인 것 같다. 내 가족이라서 내게 일거리들을 안겨주지만, 또 내 가족이라서 행복을 주기도 하는 사람들, 그 사람들 속에서 살아가는 것이 주부의 삶이다.

산다는 것은 끊임없이 자신을 갈고 닦는 일이다. 하루치의 먼지가 내려앉은 방을 훔쳐 낸다. 세탁기를 돌리고 탈탈 털어 주름을 편 빨래를 베란다에 넌다. 모처럼 차 한 잔을 앞에 놓고 생각에 잠긴다. 더러움을 닦아내듯 마음도 매일 구김살을 펴고, 털고, 닦아야 한다. 아이들과 부딪치면서 아이와 더불어 나도 조금씩 자라고 있다는 것을 느낀다. 그렇게 끊임없이 쓸고 닦아서 어제처럼 만드는 것, 내일도 오늘만 같게 만드는 것, 그것이 주부의 생활이다.

힘든 시간도 행복한 시간도 내 일상을 엮는 씨줄이요 날줄이다. 이 다음에 많은 시간이 흐른 뒤에도 내가 아이들의 엄마이며 주부인 것은 바뀌지 않는다. 그때쯤이면 지금의 시간들을 추억하며 이런 시간들을 그리워할지도 모르겠다. 다시 앞치마 끈을 질끈 동여매고 부엌으로 간다. 나는 주부다.

(2009년)

장롱

새 아파트를 마련했다. 4개월 후, 1월이 입주예정이다. 십 년 가까이 살던 아파트를 정리하고 평수를 넓혀 가는 이사라 기대가 크다. 두 내외가 함께 아파트 설계도를 보며 구조에 맞춰 가구며 집기 놓을 자리를 이리저리 구상해 본다. 새로 구입할 품목과 정리해야 할 것들을 뽑아본다. 결혼 후 줄곧 그래 왔듯 상대의 생각에 별 불만 없이 대부분 의견이 하나로 모아진다. 그런데 의견일치를 보지 못하는 일이 발생했다.

새로 이사 갈 집엔 옷 방이 따로 있고 안방에 붙박이장이 큼지막하게 별도로 또 설치되어 있다. 지금 쓰고 있는 장롱이 구입한 지 15년이 넘었고 가지고 가더라도 둘 곳이 없으므로 당연히 정리를 해야 한다는 내 생각과 달리 남편은 "그 장이 어떤 장인데 정리를 하느냐!"며 펄쩍 뛴다. "넓은 집에 둘 데 없겠냐."며 어떻게든 가지고 가겠다고 고집을 부린다. 양복에 넥타이 매고 괴나리봇짐 진 것처럼 새 아파트에 어울리지도 않는 장롱을 어디에다 두려고 고집을 피우는지 말문이 막힌다. 남편의 고집을 함께 나이 들어 온 내가 모르는 바는 아니다. 그러나 잘 닦아서 재활용을 원하는 사람에게 주는 것도 방법일진대 타협의 여지가 없이 남편은 고집을 피운다.

우리 집 장롱은 10자 반이다. 단풍나무로 튼튼하게 만든 것으로 쇠못을 쓰지 않고 나무못을 박아 제대로 만든 것이다. 그뿐만 아니라 전면에는 장인이 일일이 조각해서 붙인 사군자 문양이 화려하고 나비와 벌, 새가 사군자와 조화롭게 배치된 전통기법으로 제작된 작품 같은 장롱이다. 15년 전이면 내가 아직 30대일 땐데 왜 그렇게 나이 들어 보이는, 안방마님에게나 어울릴 듯한 장롱을 구입했는지 사연은 신혼시절로 거슬러 올라간다.

결혼할 당시, 양가에서는 결혼식 비용만 충당해 주셨을 뿐 다른 지원은 없었다. 학교 졸업 후 직장생활로 저축한 돈을 내 것 네 것 할 것 없이 톡톡 털어 단칸방을 마련하고 세간을 들였다. 당시에도 좋은 브랜드가구가 많이 있었지만 언감생심이었다. 시장에서 튼튼해 보이는 재질의 장롱과 서랍장을 신혼 방에 맞춰 마련했다. 그것만으로도 신혼의 단꿈을 꾸기에는 충분했다.

그러나 그것도 잠시, 아이들을 낳아 기르며 싸구려 장롱은 문이 틀어져 아귀가 잘 맞지 않았고 여기저기 칠도 벗겨져 점점 볼품이 없어졌다. 서랍장도 개구쟁이들 등살에 아래쪽 판자가 빠지고 손잡이가 떨어져 나갔다. 급한 대로 남편이 못을 박아 서랍장의 기능을 유지하도록 하였으나 궁색한 티가 배어 나오는 것까지는 어쩔 수 없었다. 이웃 애기 엄마들이 쓰는 내로라하는 브랜드의 장롱은 아이들이 아무리 저지레를 해도 까딱없이 튼튼하게만 보였다. 이웃에서 예쁜 장을 보다가 우리 집 장을 보면 누더기처럼 마뜩잖아 보였다.

그렇게 10년을 살았다. 온 국민의 맘을 꽁꽁 얼어붙게 만들었던 IMF 경제위기가 찾아왔다. 많은 가장들이 직장에서 내몰리고 경기는 몇 십 년 뒷걸음질 쳤다. 하늘 높은 줄 모르던 아파트 시세와 덩달아 치솟던 가구 가격도 반값으로 떨어졌다. 지나다니며 눈으로만 감상하던 브랜드 장롱도 반값이 되었다. 얼마 전까지만 해도 분명히 몇 백만 원이라고 정가가 붙어있던 장롱이다. 매장을 몇 번씩이나 방문해 제품에 대한 설명을 듣고 만져보고 쓸어보다 값을 깎고 또 깎아 드디어 새 장롱을 마련했다.

그날 저녁은 잠이 오지 않았다. 두 내외가 장롱을 마주보고 드러누워 보고 또 보아도 지겹지가 않았다. 난초가 몇 송인지, 국화가 몇 송인지, 나비는 몇 마리고 벌은 또 몇 마린지 '숨은 그림 찾기'라도 하듯 시간 가는 줄 몰랐다. 청소를 할 때마다 마른 수건으로 닦고 또 닦고 그렇게 애지중지하던 장롱이다. 좋은 일이 있으려고 그랬는지 장롱을 사고 얼마 지나지 않아 30평대 아파트를 장만해 이사를 갔고 남편이 직장에서 승진하는 등 좋은 일이 연거푸 생겼다.

제 운명을 아는지 모르는지 오늘도 장롱은 안방에서 제일 좋은 자리를 차지하고 젊잖게 앉아 있다. 15년의 시간이 추억과 함께 고운 먼지로 쌓여있다. 장롱을 바라보며 힘들지만 꿋꿋하게 견뎌왔던 아직 젊었던 청춘의 시간들을 생각한다. 지금이야 장롱 하나쯤은 거뜬히 새로 장만할 만큼 여유가 있다지만 장롱 속에 깃들어 있는 부부의 추억까지는 차마 버리지 못하는 것이다.

이사 갈 새집에서 며느리에게 안방 물려준 시어머니처럼 작은 방에서 처지가 궁색할 장롱을 생각하니 벌써부터 한숨이 나온다.

(2014년)

Ⅳ.
주개떡

어머니의 강

어머니! 하고 불러보면 어느새 가슴 한켠이 아려온다. 농사를 지으셨던 어머니는 우리 오남매를 키우시느라 고생이 많으셨다. 넉넉지 못한 벌이로 여러 아이들을 길러내시느라 힘이 드셨을 것이다. 우리 오남매 역시 어렵게 자랐다. 고만고만한 두세 살 터울의 아이들이 아침마다 학교 준비물 살 돈을 달라며 축담 밑에서 손을 벌리지 않은 날이 없었다. 적은 농사의 벌이로는 우리들 학비를 대기가 벅찼던 것 같다. 그래서 어머니는 내가 초등학교 다닐 무렵 장사를 시작하셨다. 우리들 학용품비라도 벌어 보려고 그러셨을 것이다.

처음에는 외삼촌이 운영하는 공장에서 고무장갑을 받아다가 팔았다. 집에서 동네 사람에게만 조금씩 팔다가 나중에는 읍내 오일장에 나가서 팔았다. 남의 가게 한켠에서 눈치를 보며 하는 장사였다. 그러다 품목이 조금 늘어서 고무장갑, 실장갑, 양말, 수세미 등 생활에 필요한 잡화를 팔았다. 그야말로 난전이었다. 어머니가 장사를 시작하고 나서 우리들은 학교 준비물을 제때 준비할 수 있어서 좋았다. 열두 가지 황홀한 크레파스와 하얀 도화지를 책상에 턱하니 얹어 놓으면 부러울 것이 없었다. 도시락 반찬도 조금 달라졌다. 매일매일 김치나 무짠지만 넣어 주었는데, 그때부턴 가끔 계란말이나 어묵조림 같은 것들도 구경할 수 있게 되었다.

어머니는 닷새 중 하루나 이틀만 장에 나가고 나머지 사나흘은 아버지 농사일을 거들었다. 어린 마음에도 우리 어머니는 다른 엄마들 보다 고생이 심하구나 하는 생각을 했다. 처음엔 담벼락 밑에 앉아 장사를 하는 어머니가 창피하기도 하였다. 그러나 그런 창피함보다는 어머니에 대한 연민이 조금 더 컸던 것 같다. 조금 일찍 철이 든 탓도 있었으리라.

나는 시키지 않아도 학교에 갔다 오면 청소부터 했다. 말끔히 쓸고 닦고, 부엌에 들어가 밥도 안쳤다. 해가 뉘엿해지고 산 그림자가 지면 엄마 마중을 나갔다. 집에서 버스가 다니는 길까지는 오리가 좀 넘었다. 어두운 길을 무서움을 떨치려고 노래도 부르고 풀잎도 꺾으며 걸었다. 엄마가 장에서 무얼 사 오실까 상상도 하면서 걷는 길이 즐거웠다.

버스 정류장 길 양편으로 두 개의 상점이 있었다. 가게 안에는 얼마나 맛있는 것들이 많은지, 빵이며 과자, 색색의 음료수까지……. 커다란 양은솥에서 뿌연 김이 오르고 그 안에 꼬치에 끼운 어묵들이 알맞게 익고 있었다. 어머니가 오면 저걸 좀 사 달래야지 하고 벼르면서 기다렸다. 버스가 오면 내리는 사람들을 일일이 확인했다. 어머니가 없으면 다시 다음 버스가 올 때까지 또 기다린다. 그렇게 가게 앞에 웅크리고 앉아서 어머니를 기다렸다.

몇 대의 버스가 가고 어머니가 커다란 보자기를 이고 들고 차에서 내린다. 반가워서 얼른 달려가 그 보퉁이를 받았다. 큰 보퉁이를 가게 창고에다 맡기려고 가게 안에 들어가면 꼬치 어묵의 냄새는 더욱 구미를 당겼다. 그러나 난 그렇게 벼르던 말을 그만 못하고 만다. 어머니의 피곤에 지친 얼굴과, 큰 보퉁이를 작은 몸으로 이고 나르는 걸 보면 그 말이 목구멍에서 그냥 꼴깍 넘어가 버렸다.

어머니와 나란히 밤길을 걸어서 집으로 왔다. 낮에 학교에서 있었던 이야기도 하고, 노래도 부르면서, 집에 내가 밥해놨단 자랑도 했다. 어머니는 칭찬을 해 주셨다. 그러면 으쓱하는 기분과 함께 다음 장날도 마중을 나와야지 하는 생각을 하는 것이었다. 집에 가서 어머니의 보퉁이를 풀어보면 고리 모양의 설탕 묻은 도너츠가 나오기도 하고, 김이나 생선 같은 부식 재료들이 가득 쏟아져 나왔다. 어머니가 시장에서 물건을 팔아 번 돈으로 산 것들이었다. 그렇게 우리들은 어미닭이 물어다 주는 모이를 꼭꼭 쪼는 병아리처럼 커 온 것이다. 어머니의 수고와 노동으로 자란 것이다.

이제는 그 자식들이 모두 장성하여 짝을 이루고 둥지를 틀어 잘 살고 있다. 그러나 어머니는 아직 그 보퉁이를 놓지 못하고 있다. 지금은 난전이 아니라 시장에서 조그만 가게를 벌이고 하는 장사지만 칠순의 노인이 하기에는 역시 힘든 일이다. 그래도 어머니는 "내 힘닿는 데까지는 해야지." 하면서 그 일을 계속 하신다. 당신의 용돈도 벌고, 친구도 만나고, 집에 가만히 있는 것보다는 낫다는 것이다. 우리들도 더 이상 그런 어머니를 만류할 수 없다. 다만 어머니의 건강이 걱정될 뿐이다. 큰오빠 내외가 어머니를 모시고 살면서, 장에 오갈 때는 차로 시장까지 모셔다 드린다. 큰오빠가 있어서 그래도 마음이 든든하다. 그렇더라도 어머니를 생각하면 늘 안쓰럽고, 이어 고마운 생각이 든다. 자주 찾아뵙지는 못하지만 용돈이라고 봉투에 조금 넣어 드리면 늘 손자 손녀들 용돈으로 되돌려 주신다. 가끔 영양제를 사다 드리면 공연히 돈 쓴다고 걱정이시다.

특별히 효도라고 해 본 적이 없는 것 같다. 그저 아이들 건강하게 잘 키우고 무탈하게 잘 살아주는 것이 부모에겐 효도란 말을 참말인 줄 알고 산다.

나도 세 아이의 어미가 되고 보니 새삼 어머니의 은혜가 더 커 아득함을 느낀다. 강물처럼 끝없는 어머니의 사랑이 새삼 가슴에 사무친다.

(2004년)

텃밭

어제는 온종일 비가 내리더니 오늘은 둥근 해가 말갛게 솟았다. 산비둘기는 '꾹꾸 꾸―꾸―' 짝을 찾아 지저귀고, 장단에 맞춰 먼 산에선 꿩이란 놈이 '꽁 꽁' 추임새를 넣고 있다. 모든 자연이 하나가 되어 즐거운 잔치라도 벌인 듯 흥겹다. 이곳 저곳을 살피며 구경삼아 천천히 산에 오른다.

누가 일구었는지 도도록한 이랑이 몇 줄 있는데 울타리는 나뭇가지로 얼기설기 엮었다. 가만히 들여다보니 흙 이랑에서 무언가 작은 싹들이 삐죽빼죽 올라오고 있다. 누가 일부러 울타리를 엮고 씨앗을 뿌린 것이 틀림없다. 주위를 둘러보니 그런 밭이 여러 곳이다. 철조망으로 버젓이 울타리를 한 곳도 있다. 어떤 부지런한 이들이 이렇게 가꾸어 놓았을까? 아마도 가까운 아파트에 사는 이들의 솜씨인가 보다.

그런데 그 근처에는 어울리지 않게 커다랗게 '경작금지' 안내판이 서 있다. '이곳은 국유지이므로 함부로 산림을 훼손할 경우…….' 그런데도 보란 듯이 누군가가 땅을 일구어 씨를 뿌려 놓았다. 왜 그랬을까? 이렇게 경작금지 안내판이 버젓이 서 있는데도 말이다. 밭이라고 만들어 놓은 땅은 돌이 많이 섞여 있는데다 기름진 것도 아니라 그것들을 열심이 가꾸어도 별로 먹을 것은 없어 보인다. 땅을 일구는 연장이나 있었을까? 호미나 꽃삽이 고작이었을 텐데, 누가 이런 소득이 없는 일을 했을까?

나는 작은 시골마을에서 나고 자랐다. 내가 아직 어렸을 때 고향집엔 텃밭이 있었다. 어머니는 겨울이 자나고 봄이 오면 텃밭에다 이것저것 푸성귀를 심으셨다. 상추, 고추, 들깨, 가지, 오이, 파, 쪽파……. 그렇게 조금씩 종류별로 다양하게 심으셨다. 텃밭 울타리 근처엔 호박도 몇 구덩이 심었는데, 여름에 호박꽃이 피면 호박꽃을 따서 장난을 하며 놀다가 어머니께 혼이 나곤 했다. '호박꽃도 꽃이냐'는 말이 있지만 연한 주홍색의 큼지막한 꽃이 피면, 울타리에 옹기종기 노란 등이 걸린 듯 보기가 좋았다. 그 꽃이 시들면서 작은 호박이 열리는데 대부분은 여름에 나물이나 찌개로 해먹었고, 연한 호박잎은 밥 위에 쪄서 보글보글 끓인 강된장에 보리밥 쌈으로 먹으면 그 맛이 별미였다.

가을이면 커다랗고 누런 엉덩이를 드러내고 턱하니 텃밭의 한 자리를 차지하는 것도 바로 그 호박이었다. 어머니는 이 텃밭을 주로 자투리 시간에 가꾸셨다. 우리가 아직 일어나지 않은 새벽이나, 어스름이 지는 저녁녘에 씨앗도 뿌리고 잡초도 뽑으며 돌보셨다. 그러다 끼니때가 되면 고추며 상추, 가지를 뚝뚝 따서는 상에 반찬으로 올리곤 하셨다. 먼 곳에 있는 밭이나 논에는 아침을 먹고 나가서 일을 해야 하지만 텃밭은 그렇게 조금 부지런하기만 하면 우리 가족이 먹을 푸성귀는 모자라지 않았다. 오히려 상추가 야들야들 먹기 좋을 때나 애호박이 마침맞게 굵었을 때는 앞뒷집으로 한 바구니씩 나눠 주기도 하는 것을 본 기억이 있다.

텃밭에서 난 오이며 가지는 학교에서 돌아와 출출하던 우리들의 좋은 간식거리가 되어 주기도 하였다. 우리 집과 뒷집은 붙어있다시피 했는데 감나무, 무화과나무 그리고 4월이면 화려한 꽃이 피는 황매화 넝쿨이 울타리를 대신했다. 텃밭과 마당을 구분하는 것도 어머니가 심어놓으신 장다리꽃, 분꽃, 상사화, 참나리 이런 꽃들이었다. 장독대는 집과 텃밭 사이에 있었는데, 장독대 주위엔 여름이면 봉숭아, 채송화, 맨드라미가 소담스럽게 피었다.

집 뒤꼍에는 조그만 둔덕같이 언덕이 있었다. 그곳에다 어머니는 부추를 심으셨는데 초봄이면 산초나무의 어린잎과 부추를 넣고 장떡을 부쳐 주셨다. 부추가 뭐 대단히 많이 심어진 것도 아니고 단 몇 이랑이었다. 부추는 낫으로 밑동을 살살 베어내서 먹는데 특별히 관리하지 않아도 저절로 새 잎이 잘 자랐다. 부추 주위에는 일부러 심지 않아도 머위 몇 뿌리와 방아가 저절로 돋아 무성했고, 그 방아 잎은 여름에 추어탕 끓일 때 없어서는 안 되는 재료였다. 석류나무와 앵두나무도 한 그루씩 있었는데 앵두가 열리면 우리들의 입과 눈도 함께 즐거웠다.

그렇게 집 주위로 나무며 꽃들이 흔했다. 집 주위에 조금의 땅이라도 있으면 거기엔 우리가 먹을 수 있는 뭔가가 자라고 있었다. 가을이 되면 아버지는 장작이며 솔가리들을 잔뜩 해다가 뒤란 둔덕 위에다 산처럼 쌓으셨다. 겨울을 날 땔감이었다. 밖으로 난 울타리엔 족제비싸리나무가 촘촘히 심어져 있었다. 잎이 아까시나뭇잎을 닮았는데, 봄에 그 잎의 새순을 꺾으면 분홍빛 진이 나왔다. 그것을 손톱에 바르면 손톱이 반짝반짝 무척 예뻐 보였다. 그리고 잎은 손으로 쓱 훑어 버리고 줄기로 머리를 돌돌 말아 파마놀이를 하기도 했었다.

주위에 흔한 게 풀이며 나무라 풀을 뜯어 밥을 짓고, 김치도 담그고, 나물을 무쳐서 언니랑 소꿉을 놀았다. 이럴 때 종종 어미닭은 병아리를 몰고 손님으로 와서는 한참을 같이 놀기도 했었다. 어린 시절의 꿈속 같던 풍경들을 일일이 다 기억할 수는 없지만, 그렇게 희미한 흑백사진처럼 그 기억들은 아름답고 소중하다.

텃밭은 좁은 땅이나마 부지런히 심고 가꾸어 우리들을 거둬 먹이신 어머니의 땀과 지혜였고, 어려운 시절에도 이웃과 조금이라도 나눌 수 있는 여유였다. 흔한 장난감 하나 없던 시절에 우리들의 훌륭한 놀이터였고, 우리를 먹이고, 품어주며, 우리들이 꿈꾸며 자랄 수 있게 했던 고향의 중심이었던 것이다.

이제 아름다웠던 고향의 텃밭은 우리들 마음속에서만 희미하다. 그래서 마음속에 품은 고향의 모습은 더 간절하고 애틋한 모습인지도 모르겠다. 메마른 도시에서 허덕이며 바쁘게 살아가지만 가끔 어린 시절의 아름다웠던 한때를 추억하며 이렇게 또 오늘을 살아가고 있는 것이다.

그래서일까? 이렇게 산책로 옆에 울타리를 엮어 텃밭을 만든 알 수 없는 이웃에게 박수를 보내고 싶어진다. 우리들 가슴에 추억으로만 남아있는 마음의 텃밭을 이렇게 용기 있게 가꾸는 사람들, 나는 묘한 동질감과 애정을 느끼며, 그 거친 텃밭에서 내 어린 시절의 텃밭을 떠올린다. 그리고 그 텃밭이 내 것인 양 더할 수 없는 그리움으로 돌도 골라주고, 잡초도 뽑아가며 오래오래 그곳에 앉아 있었다.

(2004년)

뿌리와 두엄

봄비 내리는 일요일, 대청호를 향해 집을 나섰다. 고속도로 톨게이트를 빠져나가 청주 시내를 거쳐 시골길로 한참을 달렸다. 간간이 흩뿌리는 봄비의 눅눅함 때문인지 들판 곳곳에서 두엄 냄새가 진하게 번져 왔다. 부지런한 농부들이 봄 농사를 준비하느라 들에다 두엄을 잔뜩 실어다 놓았기 때문이었다. 그것은 곧 향수를 불러 일으켜 고향의 풍경들이 떠올랐다.

아버지는 두엄을 치성으로 보살피셨다. 여름 아침, 햇살이 퍼지기가 무섭게 온 마당에 쇠똥을 널었다. 대문에서 축담까지 겨우 사람이 다닐만한 공간만 남기고 양쪽으로 쇠똥을 골고루 펴서 널었다. 한여름의 강한 햇볕을 받으며 쇠똥이 꾸득꾸득 마르면 그것을 뒤집어주곤 했다. 삼발이 쇠스랑이나 갈퀴로 두엄을 잘게 부수고 뒤집으며 온 마당을 다니다보면 아버지의 검정고무신에도 쇠똥이 튀어 엉겨 붙곤 했다. 나는 아침이면 널어놓은 쇠똥의 구린내 때문에 코를 싸쥐고 다니다가도 이내 익숙해지곤 했다. 차츰 시간이 지나면서 냄새가 많이 증발하기도 했고, 점점 마르다 보면 냄새가 자꾸 옅어지기 때문이었다. 두엄이 한가득 널린 마당을 보면서 대청마루에 앉아서 태연하게 점심도 잘 먹었고, 그것 때문에 특별한 불편함은 느끼지 못하였다.

아버지가 애지중지 두엄을 대하는 것을 보고, 그것이 논밭에 들어가서 풍성한 수확으로 되돌아올 것을 짐작했다. 시골서 살다보면 누가 가르쳐주지 않아도 그런 것들은 저절로 알아지는 모양이었다. 저녁나절이면 다 마른 쇠똥을 삼태기로 담아다 헛간에 차곡차곡 쌓아두었다. 그 두엄은 보리를 갈기 전에 땅심이 부족한 논에다 듬뿍 실어다 넣었다. 두엄은 농부였던 아버지의 땅에 대한 사랑이었고, 풍년에 대한 간절한 염원이었던 것이다. 사계절 내내 부지런하시던 아버지의 땀내음 같은 두엄냄새를 맡으며 이제 농부들도 무척 바빠지겠구나 하는 생각을 해 보았다.

대청호의 잔잔한 물빛이 상념에 잠긴 듯 고요해 보였다. '문의 민속 마을'에 들러서 옛집들을 천천히 구경하다보니 민속마을 맨 안쪽에 '대청호 미술관'이 있었다. 그곳에는 마침 '보리' 작가 송계松溪 박영대 화백의 초대전이 열리고 있었다. 우연히 드라이브 나왔다가 이 무슨 행운이란 말인가?

1층에 전시된 출렁이는 보리밭 그림들을 보니 내 마음도 덩달아 출렁거렸다. 화폭에는 풍성한 청보리가 바람결에 춤을 추고 있었다. 누렇게 잘 익은 황금빛 보리에서는 5월의 바람 소리가 들려올 것 같았다. 멍석에 널어 놓은 보리이삭에서는 구수한 누룽지 냄새가 나는 것 같았다.

2층 전시실에 올라가니 안내원이 그림을 설명하고 있었다. 1층과는 달리 그림들이 매우 추상적이었다. 설명을 들어보니 가난했던 시절 우리 민족이 가장 많이 먹었던 보리, 그리고 그 보리를 거두기 위해 수고한 농부들의 마음, 그런 것들을 상징적, 함축적으로 표현한 그림들이라고 했다. 밝은 이미지의 보리도 있었고 어두운 이미지의 보리도 있었다. 그냥 보았더라면 매우 난해했을 그림들이 설명을 듣고 나니 고개가 끄덕여졌다.

넓은 화폭을 다 차지한 커다란 한 알의 보리 알갱이, 그 그림은 가난했던 시절, 그렇게 큰 보리가 있어서 배고픈 사람들이 모두 배불리 먹을 수 있었더라면 하는 작가의 염원을 표현한 것이라 했다. 코끝이 찡해지며 가슴에 뭔가가 찌릿하게 전해져 왔다. 안내에 대한 감사의 인사를 하고 밖으로 나오니 비는 그쳐 있었다.

집으로 돌아오는 길, 차창 밖으로 납작 엎드린 푸른 보리밭이 지나가고 있었다. 추운 겨울을 견디고 씩씩하게 초록으로 돋아나 아름차게 제 키를 키워가는 보리의 강한 생명력이 전해져 왔다. 짐작건대 아마 작가도 어렵고 배고픈 시절을 살았을 것이다. 그래서 저렇게 30년을 한결같이 우리 민족을 닮은 보리라는 주제를 끌어안고 있는 것이리라.

작가가 보리라는 소재를 가지고 아름다운 작품을 탄생시켰듯이, 내 아버지도 더럽고 냄새나는 쇠똥으로 좋은 거름을 만들고, 그 거름으로 튼실한 알곡들을 키워냈던 장인이며, 또한 훌륭한 예술가였다고 말한다면 지나친 비약일까?

들판에서 풍겨오는 두엄냄새와 창밖에 펼쳐진 보리밭 사이로 그리운 아버지의 얼굴이 스쳐 지나가고 있었다.

(2007년)

아버지

요즘 어린아이가 있는 집에는 슈퍼맨이 산다. 직장일도, 집안일도, 육아도 완벽하게 잘해내는 멋진 아빠, 슈퍼맨들이다. 휴일이나 평일 오후, 아파트 마당에는 아빠와 함께 보드를 타거나 자전거를 타는 아이들로 왁자지껄하다. 직장에서 열심히 일을 하고 퇴근 후에는 다시 집으로 출근해서 집안일이나 육아를 돕는 아빠들이다. 놀이터나 공터에서 그네나 유모차를 밀거나, 아기를 가슴에 안고 다니는 젊은 아빠들을 흔히 볼 수 있다.

20년 전만 해도 이런 모습들은 그리 흔한 풍경이 아니었다. 1980~90년, 아빠들은 퇴근 시간도 없이 일했고 휴일도 출근하는 게 당연했었다. 아이들이 옹알이를 하는지 걸음마를 하는지 알지도 못한 채 온 젊음을 직장과 일에 쏟아 부어야만 했었다. 그렇게 아이가 초등학교에 들어가고 중학생이 되고 지금은 대학을 졸업

하고 어른이 됐다. 그런 아이들이 결혼을 하고 아이를 낳더니 슈퍼맨이 되어 돌아왔다. 자녀에 무심했던 아버지에 대한 한과 원망을 풀기라도 하는 듯, 육아에 정성을 쏟는 아빠들이 늘어나고 있다.

시간을 더 거슬러 올라가 1960~70년 우리가 자라던 시절, 아버지는 우리에게 그리 가까운 존재가 아니었다. 근엄하고 권위적인 모습으로 약간의 두려움이 느껴지던, 전혀 다른 세상에서 온 남자 어른일 뿐이었다. 우리가 놀던 마당이나 동구 밖, 골목길과 뒷동산에서 다정한 얼굴로 한가롭게 서 있던 아버지를 본 기억이 한 번도 없다.

논에서 쟁기로 땅을 갈거나, 삽으로 논두렁을 만들거나, 이랑을 만들어 씨를 뿌리고 밭을 고르거나, 낫으로 길섶에서 쇠꼴을 베거나, 새벽에 나뭇짐을 지게에 가득 지고 오시거나, 소가 모는 수레에 짚단을 가득가득 싣고 해 질 녘 집으로 오시던 아버지의 모습만이 기억에 남아있다.

집에 계실 때에도 늘 뭔가를 하고 계셨다. 쇠죽 쑬 짚을 작두로 썰거나 무쇠가마솥에 장작을 넣어 쇠죽을 끓이고 장작을 패고, 농기구를 고치시던 아버지. 농번기가 지나 겨울이 되도 아버지의 일은 끝이 없었다. 짚을 엮어 이엉을 얹고 울타리를 손보고 물에 적신 짚으로 새끼를 꼬던 아버지, 싸리비도, 대나무빗자루도 손수 만들던 아버지다. 두 손엔 가득 굳은살이 박이고, 사시사철 검정고무신 한 켤레로 사시던 아버지, 바지는 걷은 채 맨 정강이로 아침저녁 늘 분주하던 모습이 선명한 기억으로 남아 있다.

그렇게 부지런하던 아버지의 땀이 뒷벌에 논 몇 마지기가 되고, 앞벌에 몇 두락의 밭이 되었고, 오남매 그럭저럭 키워낼 밑천이 되었다. 장날이면 막걸리 몇 잔 기분 좋게 잡수시고 고등어나 멍게, 꼬막, 홍합 같은 반찬을 사서 집으로 오시던 아버지다. 그런 장거리들이 아버지의 자식에 대한 사랑이었다. 그러나 마냥 고요한 나날이 이어진 것은 아니었다.

다섯 남매가 학교에 가는 아침이면 도시락이 몇 개씩 가마솥 옆에 줄을 서고 책값이네, 준비물이네, 등록금이네 손 벌리는 날이 많았다. 넉넉하지 않은 집안 형편에 아버지 눈치만 보던 어머니. 그런 날 저녁이면 밥상이 마루로 날아가는 날이 잦았다. 어디서 마셨는지 술이 잔뜩 취한 아버지는 화가 나 있었다. 그런 날은 아버지가 그렇게 무섭고 미울 수가 없었다. 무능한 아버지, 만날 일만 아는 아버지, 멋도 없고, 다정하지도 않고 술 냄새만 풍기는 아버지가 원망스러웠고 싫었다. 그냥 아버지니까 늘 그렇게 일을 하고 논이나 밭에서 사는 게 당연한 것으로 여겼다.

늦가을 가을걷이가 끝나고 추수한 벼 가마니를 축담과 마루 한쪽에 쭉 쌓아놓으면 어린 마음에도 부자가 된 것 같아 뿌듯했는데 아버지의 마음이야 오죽했을까 싶다. 그런 아버지가 다 자란 5남매를 보면서 한 번이라도 그런 뿌듯한 마음을 느끼기나 해 보셨을까 싶어 코끝이 찡해진다. 그렇게 일찍 그곳으로 가시지 않았다면 지금쯤 다들 잘 사는 모습을 보시며 한결 가벼워진 마음을 가질 수도 있었을까.

오십 년 전에도 백 년 전에도 아버지의 자리는 그리 녹록한 자리가 아니었던 것 같다. 예전엔 예전대로 지금은 지금대로 아버지는 늘 우리에게 슈퍼맨이었다. 아버지도 외로움을 느끼고 두려움도 느끼는 그런 한 사람의 어른 남자라는 걸 잊고 살 때가 많다. 50년 전에는 자식들 먹이고 입히고 어려운 한 시절을 살아내는 게 과제였다면, 20년 전엔 좀 더 잘 사는 나라를 만들어 보고자 회사에서 공장에서 불철주야 비지땀을 흘려야 했다.

세상은 변한다. 시대에 따라 원하는 아버지상도 다르다. 20년 전, 50년 전 아버지들이라고 자녀들을 사랑하지 않았을 리는 없다. 환경이나 상황이 무심한 아버지와 바쁜 아버지로 만들었을 뿐이다. 슈퍼맨 아빠와 함께 자란 요즘 아이들은 2, 30년 후 어떤 아버지가 될까? 슈퍼맨의 족보가 그때까지 이어질 수나 있을는지. 청년실업인구가 45만 명인 시대이니 그때쯤이면 장가나 제대로 들 수 있을지 걱정이 앞선다.

창밖에 아이들의 노는 소리가 시끌벅적한 걸 보니 사람 사는 동네는 이래야지 싶은 생각이 든다. 유모차를 미는 젊은 아빠들을 보면서 아버지는 무슨 말씀을 하실까? 아기를 무척이나 좋아하시던 아버지! 오늘따라 아버지가 더욱 그립다.

(2015년)

여름 이야기

휴가를 얻은 8월 초순, 때맞춰 태풍 '무이파'가 한반도에 상륙했다. 서해안을 따라 북상한 태풍은 많은 비와 바람을 동반했다. 그렇다고 1년에 한 번뿐인 휴가를 집에서만 보낼 수는 없었다. 태풍의 영향권에서 벗어나 있는 국토의 동쪽, 강원도 덕풍계곡을 향해 야영 장비를 챙겨 싣고 출발했다. 푸짐하게 불어오는 바람마저 상쾌했고 비를 머금은 수목은 하얗게 잎을 뒤집으며 박수 소리를 냈다. 라디오에서 흘러나오는 빠른 템포의 댄스곡도 여행의 흥을 돋웠다. 두 딸들도 신이 났는지 큰소리로 노래를 따라 불렀다.

덕풍계곡에 도착해 보니 어찌된 영문인지 물이 온통 시꺼멓다. '그새 상류에서 탄광개발이라도 했단 말인가?' 먼 곳까지 찾아갔다가 그냥 되돌아오기도 황당해서 관리인에게 원인을 물어

보았다. 새벽부터 엄청난 양의 폭우가 내렸단다. 이곳은 계곡의 상류가 암반지대라 비가 내리고 나면 불어난 물이 계곡으로 한꺼번에 쏟아져 내려오는데 그때 바위에 쌓여있던 나뭇잎 삭은 물이 빗물에 섞여들어 물색이 간장색깔로 변한 것이라며 안심하라고 한다. 내일 아침쯤이면 물색이 정상으로 돌아온다며 장난스럽게 웃었다.

자리를 잡고 텐트를 치려니 거센 바람이 또 훼방을 놓는다. 새 텐트라 설치방법이 손에 익지도 않았고, 크기도 우리 식구가 모두 들어가 뒹굴어도 될 만큼 컸다. 큰딸과 내가 양쪽에서 잡고, 남편은 사용설명서와 텐트를 번갈아 보며 비지땀을 흘렸다. 텐트를 일으켜 세워 놓으면 바람이 불어서 잡고 있던 딸과 내가 덩달아 날려갈 만큼 강풍이 불었다. '이럴 때 군대 간 아들이 함께 있었으면 얼마나 든든했을까?' 부질없는 생각도 들었다. 그때 옆에서 지켜보던 아저씨들이 '저러다 날 저물지.' 싶었던지 소매를 걷어붙이고 나섰다. 장정들이 거드니 금세 텐트 한 동이 완성되었다. 어디서든 사람은 이웃을 잘 만나야 하는가보다.

이튿날, 물색은 많이 엳어져 녹차색깔로 변해 있었다. 아침밥을 먹고 나자 5학년인 막내는 서둘러 물놀이를 하려고 혼자서 계곡물로 뛰어들었다. 이미 계곡에는 많은 사람들이 물놀이를 즐기고 있었다. 어른들도 서둘러 뒷정리를 마치고 물속으로 뛰어들었다. 시원함이 온몸으로 전해져 왔다. 물속에서는 애어른 할 것 없이 모두 어린아이가 되는 법이다. 윗옷을 벗어던진 채 수영실력을 뽐내는 아저씨도, 구명조끼를 입고도 얕은 물에 앉아만 있는 아줌마도, 바위 위로 올라가 멋진 폼으로 다이빙하는 총각들도, 수경을 끼고 잠자리채로 물고기를 잡는 젊은 아빠도 모두들 하나같이 아이처럼 즐거운 표정이다.

막내는 겁도 없이 잘도 논다. 저학년 때 미리 수영을 가르친 보람이 있다. 물이 콸콸 쏟아지는 좁은 바위 사이로 튜브를 타고 멋지게 떠내려 오기도 하고, 바위 위에서 오빠들을 따라 다이빙도 한다. 역시 아이들은 놀면서 크는 모양이다. 새까맣게 그을은 아이의 얼굴이 건강해 보인다. 집에서 학습지 풀던 그 얼굴이 아니다. 모처럼 아이가 아이답게 활짝 웃고 있었다.

오후가 되니 어제 우리와 같은 시각에 도착했던 사람들이 텐트를 접고 있다. 초등생 두 아들을 둔 사람들로 대구에서 왔다고 했다. 왜 벌써 가느냐고 물으니 엉뚱하게도 '초파리가 많아서'라고 한다. 4학년과 6학년인 두 아이가 막내와 잘 놀던 터라 아쉬운 마음이 들었다. 방목에 가깝게 제 맘껏 놀도록 내버려두는 우리 부부와는 달리 이들 부부는 아이들 안전에 좀 민감했다. 막내의 증언(?)에 의하면, 아빠가 구명조끼를 잠깐이라도 벗으면 다시는 물놀이를 못하게 할 거라며 엄명을 내렸단다. 그 아이 말이 막내더러 "네가 부럽다. 나도 너처럼 맘껏 놀고 싶은데."라고 하더라며 안쓰러운 표정을 지었다.

아이라도 자신의 안전에 본능적으로 반응한다. 어릴 때, 여름방학이 되면 개울가에서 살다시피 했다. 그러나 위험하다며 부모님이 동행한 적은 없었다. 나만 그런 게 아니라 다른 집도 다 그랬다. 보살펴줄 어른들이 없으니 내 안전은 내 책임이었다. 처음엔 계곡의 지형부터 잘 살폈다. 다음엔 물이 얼마나 깊은지, 특히 위험한 곳은 어디일지 스스로 판단을 했다. 그리고 얕은 곳에서부터 점차 적응하며 놀았다. 또 형이나 오빠들이 어린 동생들이 위험한 짓을 하면 가만히 보고만 있지도 않았다. 그렇게 온 동네 아이들이 한 식구처럼 서로를 보살피며 살았다. 별의별 놀이를 다 만들어 내며, 여름 내내 얼굴색이 검정콩이 되도록 재미있게 놀았다. 위험한 저수지에서 수영을 하다가 익사한 어른들의 소식이 간간이 들려오긴 했으나 오히려 아이들은 무사했다.

생각해 보면 사람이 사는 데 필요한 것들은 의외로 간소하다. 텐트와 침낭, 갈아입을 옷 몇 벌, 그리고 코펠과 버너와 식량만 있으면 된다. 승용차 짐칸에 다 넣을 수 있는 분량이다. 어쩌면 3, 40평 넓은 아파트에 꽉꽉 들어차 있는 짐들은 다 있어도 없어도 그만인, 부차적인 것들일지도 모른다. 더 편해지려고, 더 즐거워지려고, 경쟁에서 뒤떨어지지 않으려고 쌓아두고 걸어두고 꽂아 놓은 것들을 버리고 떠날 수 있는 여름이 있어 좋다.

인공조명 한 점 없는 검은 밤길을 아이 손을 잡고 걸으며 점점 큰소리로 가슴에 스며드는 물소리를 들었다. 평상에 누워 쏟아질 듯 빛나는 별들을 바라보며 조용히 읊조리듯 다정한 목소리로 노래도 불렀다. 길가에 지천으로 너풀대는 호박잎을 서리해 맛나게 된장 지져 쌈밥도 해먹었다. 허공에 그물을 치고 사는 거미처럼,

마른풀을 베고 잠든 초원의 사자처럼 인간사 잡다함으로부터 잠시나마 벗어나 훌훌 자유로울 수 있는 것도 여름이기에 가능한 일일 것이다.

덕풍계곡에서 2박 3일을 머물렀다. 마지막 짐을 싣는 순간까지 막내는 더 놀고 싶어 했다. 아쉬움을 남겨놓아야 다음을 또 기약할 수 있는 법이다. 태풍 '무이파'의 상륙도, 야영을 훼방 놓던 바람도, 시커먼 간장색의 계곡물도 장애물이 되진 않았다. 여름이야기의 훌륭한 조연으로 제 역할을 담당했을 뿐이었다.

마음밭에 아름다운 여름 이야기를 또 하나 새기고, 차를 몰아 일상으로 돌아왔다.

(2011년)

주개떡

음식에 대한 기억은 매우 구체적이고도 집요한 것 같다. 시각으로 전달된 기억의 인자는 몸의 다른 기관들을 일시에 깨워내어 단번에 추억이라는 바다로 우리를 데려가곤 한다.

며칠 전 용인에 있는 민속촌엘 다녀왔다. 겨울인데도 입장객이 꽤 많았다. 얌전한 흙길을 따라 초가집들을 살펴보면서 장터에 닿았다. 시골 잔치집에서나 나던 고소한 기름 냄새가 코끝을 자극했다. 장국밥을 주문하고 자리에 앉았다. 그런데 바로 옆 자리에서 먹고 있는 떡이 눈에 들어왔다. 팥을 거피한 노란 고물의 찹쌀 인절미와 팥을 거칠게 찧어서 고물로 입힌 인절미였다. 남편과 눈이 마주쳤다. 그 눈빛에서 '우리 떡 먹을까?'하는 말을 읽을 수 있었다. 장국밥을 후다닥 먹어치우고 얼른 떡 가게로 갔다.

머리에 흰 수건을 쓰고 무명 앞치마를 두른 아주머니가 찹쌀떡을 즉석에서 뚝 떼어 고물을 묻혀 주었다. 한 접시에 사천 원, 만두 포장 용기에 하나가 되는 양이었다. 벌써 입안엔 눈치 빠른 침이 마중을 나왔다. 넉넉하게 담아 준 떡 고물은 통팥이 덜 으깨져서 씹히는 팥의 질감이 그대로 느껴지는 적당히 달콤한 맛이었다. 뇌의 깊숙한 곳에 저장되어 있던 팥떡에 대한 기억은 어머니가 집에서 만들어 주시던 '주개떡'으로 빠르게 옮겨 갔다.

'주개'는 '주걱'의 경상도 방언이다. 나보다 여섯 살 위인 작은오빠가 창원에 있는 고등학교에 다닐 때였다. 기숙사에 있던 오빠가 가끔 주말이면 밀린 빨래를 한 보따리씩 안고 집으로 왔다. 어머니는 객지에 나가 공부하느라 힘든 어린 아들이 안쓰러웠을 것이다. 뭐라도 얼른 해서 먹이고 싶었던 어머니는 찹쌀을 씻어 소금을 넣고 가마솥에 안쳤다. 제삿날이나 명절 때 쓰려고 아껴 두었던 찹쌀이었을 것이다. 아니면 그 해는 찰벼를 두어 마지기 심어서 농사가 잘 되었던 건지도 모르겠다.

불린 팥을 삶아서 물기를 빼고 절구에 빻았다. 적당량의 설탕을 섞은 팥고물은 약간 달면서도 입안에 퍼지는 맛이 고소했다. 다된 찰밥은 큰 나무 주걱으로 밥알을 으깼다. 이리저리 주걱을 뒤척거리다 보면 밥알은 어느 정도 으깨져서 차진 떡 덩어리가 되었다. 그러면 그 덩어리 적당량을 뚝 떼서 팥고물에 투덕투덕 버무리면 그게 바로 '엄마표 주개떡'이다. 먹기 좋은 크기로 잘라서 팥고물에 버무려 먹어도 되고 아니면 떡을 덩이째 팥고물 담긴 접시에 담아 숟가락으로 떠먹어도 되었다. 온 가족이 둘러앉아 배불리 먹었던 뜨끈뜨끈했던 주개떡의 기억은 어머니의 체온으로 내 기억에 남아 있다.

지금 내 아들의 나이인 그때의 오빠는 어떻게 낯선 타지의 생활을 견뎠을까? 깨끗하게 빨아서 차곡차곡 개켜놓은 옷가방 한켠에 엄마의 주개떡도 한 자리를 차지하고 있었을 것이다. 동구 모퉁이를 돌아서 다시금 멀게만 느껴지는 타지로 공부를 가던 오빠의 기억에도 어머니의 주개떡은 무쇠솥 아궁이에서 잦아들던 장작불의 은근한 따스함으로 기억되고 있으리라. 그렇게 오래도록 식지 않는 어머니의 가마솥같이 크고 두터운 사랑으로 또 그 한때를 견뎠으리라.

방앗간이 필요 없는 '엄마표 주개떡'이 민속촌 팥떡을 보면서 불현듯 떠오른 것은 지금의 나 또한 그런 따스한 정에 목말라 있기 때문이리라. 이런저런 주전부리가 너무도 흔한 세상에 살고 있는 요즈음이지만 우리가 진정 바라고 있는 것은 엄마의 손맛이 배인 투박하지만 소박한 음식이 아닐는지! 전화 한 통이면 득달같이 달려오는 흔해빠진 음식이 아니라, 정성이 가득 담긴 따뜻한 음식 한 접시, 가족을 위해 솜씨 내 보는 엄마이고 싶다.

내 아이들의 기억 속에도 적당한 장소와 약간의 추억거리 그리고 좋은 사람들과 함께 했을 때 불현듯 생각나는 그런 '엄마표'에 대한 추억이 있을까? 이런 따스한 기억 하나쯤 꼭 간직하게 하고 싶다.

음식에는 마음 저 밑바닥에서부터 사람의 정서를 휘저어 놓는 어떤 힘이 들어있는 것 같다.

(2007년)

숭늉

숭늉은 한겨울에 먹어야 제격이다. 노릇노릇 알맞게 불은 눌은밥부터 건져먹고 한꺼번에 벌컥벌컥 넘겨도 부담이 없다. 쌀을 씻을 때 뜨물을 받아뒀다가 밥을 푸고 난 후 뜨물을 붓고 끓이기만 하면 구수한 숭늉이 된다. 어려운 시절, 따뜻한 숭늉 한 사발은 든든하게 속을 채워주고 매서운 겨울 추위도 견디게 한 한국인의 힘이었다.

시골집 겨울 아침은 대청마루까지 쩡쩡 얼어붙었다. 밤새 내려앉은 먼지와 티끌을 대충 쓸어내고 걸레질을 한다. 어정쩡한 온도로는 턱도 없다. 마루는 하얗게 얼음이 밀리면서 냉기로 응수한다. 대야에 더운물을 떠다놓고 냉기를 달래가며 닦는다. 반질거리며 윤기가 올라오는 마루가 가을 알밤처럼 보기 좋았다.

가장 먼저 아침을 맞는 사람은 언제나 아버지였다. 뿌연 새벽이 문살을 두드리는 시간, 아버지는 미련 없이 이불을 걷고 일어나 장작부터 날랐다. 처마 밑에 가지런히 쌓아둔 장작더미에서 하루분의 장작을 날라 부엌이며 쇠죽솥 앞에 부려 놓는다. 물을 길어다 부엌 가마솥에 붓고 아궁이에 불을 넣었다.

그 다음은 쇠죽솥이다. 짚과 콩깍지, 마른풀 등을 넣고 쇠죽을 끓였다. 설설 김이 오르면 구수한 쇠죽 냄새가 났다. 배가 고픈 누렁이는 연신 큰 눈을 두렷거렸다. 농사철 우리 집 큰 일꾼인 누렁이는 한겨울에 잘 먹여 놓아야 한다. 누렁이의 아침 식사가 끝나면 아버지는 쇠죽솥을 깨끗하게 부시고 또다시 물을 한 솥 가득 부어 끓였다. 우리들이 씻을 물이다. 농사일 틈틈이 산에서 지게로 져 나른 통나무를 때기 좋은 크기로 패 넉넉하게 쌓아둔 장작더미와 생솔가지를 단으로 묶어 뒤곁에 차곡차곡 쌓은 나무더미는 추운 겨울과 맞설 아버지만의 무기였다.

가장의 부지런함은 온 가족의 아침을 따뜻하게 한다. 아궁이가 미어지도록 장작을 밀어 넣고 밑불을 당겨 불을 붙이면 포개진 나무 사이로 연기가 나면서 화르르 불꽃이 올랐다. 그때쯤이면 밤새 미지근해진 구들 틈으로 희미한 연기냄새가 올라오고 우리들은 다시 까무룩 새벽잠 속으로 빠져든다.

더운물이 설설 끓을 때쯤 엄마도 일어나 아침준비를 한다. 더운물로 쌀을 씻어 밥을 안친다. 밥솥에서 거침없이 김이 오르고 밥 익는 냄새가 날 즈음, 아궁이에서 장작을 꺼내 식힌다. 잔불에 밥 뜸이 돌고, 아궁이 앞으로 원정 나온 잉걸불에 뚝배기 된장이

보글보글 끓어 시장기를 자극한다.

그때쯤이면 재촉하는 아버지의 호통에 우리들도 하나 둘 아침잠의 미련을 털고 일어나 각자의 역할을 한다. 어떤 아이는 이불을 개고, 방을 쓸고 훔친다. 다른 아이는 마루를 닦고 축담과 마당에 물을 뿌려 검불들을 쓸어 낸다. 부엌에 들어가 아침준비를 돕는 이도 있다. 양동이에 한가득 끓은 물을 길어다 찬물에 타 더운물로 만들어 세수도 하고 머리도 감는다. 시골마을, 집집이 굴뚝에 연기가 오르고, 그렇게 겨울의 하루가 시작된다.

상차림은 어제와 별반 다를 게 없다. 무청과 삭은 고추가 하얀 무와 조화를 이룬 채 살짝 살얼음이 도는 동치미와 김장독에서 갓 꺼내온 김장김치는 늘 올라오는 단골이다. 아궁이에서 끓던 뚝배기는 된장물이 넘쳤는지 가장자리에 얼룩을 뒤발하고 어쨌든 상 한가운데가 제자리란 듯이 점잖게 양반다리를 하고 앉아 있다. 채 썬 무를 빨갛게 무친 무채도 새침하니 뚝배기 옆에 자리를 잡았다. 움에 넣어 두었던 것인지 싱싱한 쌈배추가 다른 고을의 족속처럼 낯설어 보인다. 들깻가루를 넣어 하얗게 끓여 낸 무국과 고봉밥 한 그릇이 각자의 앞으로 배달된다.

늘 그랬듯이 밥상은 오늘도 채소밭이다. 그것도 무와 배추가 번갈아가며 주연과 조연을 맡는 무대다. 아버지의 평소 지론대로, "여자는 무시 한 가지로 수십 가지 음석을 맨들 수 있어야 되는 기라."를 몸소 보여주기라도 하듯 엄마는 무 배추만으로 그득한 밥상을 차려 냈다.

소찬이나마 고봉밥을 한 그릇씩 맛나게 뚝딱 해치운다. 배꼽이 불룩하게 배가 부르지만 뭔가 먹다 만 느낌이다. 그때쯤 가마솥에서 불은 구수한 눌은밥이 나온다. 먹던 사발에 조금씩 눌은밥을 받아 후후 불어가며 아껴 먹는다. 눌은밥은 된장 국물과 먹어야 제격이다. 마지막 남은 한 톨의 밥알까지 싹싹 비운다. 그리고 뜨뜻한 숭늉으로 입가심을 한다. 그제야 제대로 먹은 느낌이 든다.

'끝이 좋으면 다 좋다.'라는 말이 있다. 새로 얻은 직장의 직원식당에서는 옹기 가득 끓인 숭늉을 놓고, 국자를 질러 놓았다. 식후에 한 사발씩 마시라는 의미다. 젊은 사람들은 대부분 정수기의 생수를 선택하지만, 조금 나이든 축에 드는 이들은 숭늉을 즐긴다. 메뉴가 별로인 날도 따뜻한 숭늉 한 사발이면 제대로 대접받은 것 같아 기분이 좋아지곤 한다.

아무래도 숭늉 한 사발로 기분이 좋아지는 이유는 단순하게 따스하고 구수한 물 맛 때문만은 아니지 싶다.

(2012년)

호미 들고 밭으로

새벽에 악몽을 꿨다. 꿈에 막내가 어디서 강아지를 한 마리 얻어왔다. 못마땅한 내 마음을 아는지 모르는지 강아지는 집안 곳곳을 들쑤시고 다니더니 어디론가 달아나 숨어버렸다. 강아지를 찾으며 뒷수습을 하다 화가 난 나머지 아이를 회초리로 때렸다. 그것도 무지하게 큰 회초리로 때렸다. 빗맞은 회초리가 아이의 얼굴에 커다란 생채기를 냈다. 아이 얼굴을 바라보며 스스로 화들짝 놀라 꿈에서 깼다.

요즘 학교에 다니랴, 자격시험 공부하랴, 아이를 집에 혼자 두고 나다니는 시간이 점점 늘어나고 있다. 아이도 항상 엄마와 함께하던 일상에서 혼자 보내는 시간이 많아지자 낯설었던 모양인지 조금씩 학습지가 밀리기 시작했다. 몇 차례 경고를 하며 아이를 타일렀다. 하지만 나아지지 않았다. 잘못된 버릇은 애초에 고쳐야지 싶어 매를 들었다. 종아리를 몇 대 때렸다. 아이의 놀란 얼굴은 눈물로 범벅됐고 잘못했다고, 용서해달라며 매달렸다. 보드라운 종아리가 금세 빨갛게 부풀어 올랐다.

아이를 진정시키고 종아리에 약을 발라 학교에 보냈다. 명랑하던 아이가 뚱한 얼굴로 학교로 가는 걸 보니 마음이 언짢았다. 참았다가 저녁에 말할 걸, 그제야 후회가 밀려왔다. 학교에서 부어오른 종아리 때문에 놀림을 받을까봐 더운 날씨에도 긴바지를 입혀 보냈다. 푸르스름한 멍은 쉽게 가라앉지 않았다. 며칠이 지나자 아이는 멍 자국이 있는 채로 반바지를 입고 아무렇지도 않게 바깥에 나다녔다. 오히려 신경이 쓰이는 쪽은 나였다. 시간이 지나야 없어질 거라는 것을 알면서도 공연히 회초리 자국에 자꾸 연고만 덧발랐다.

어릴 때 종아리를 맞은 적이 있다. 무슨 잘못을 했었는지 기억은 잘 나지 않지만 어린아이들이 그맘때쯤 흔히 저지르는 그런 잘못이었을 것이다. 엄마는 우리를 혼낼 일이 있으면 울타리에서 잘못한 만큼의 회초리를 꺾어오게 했다. 회초리를 만들면서부터 스스로 자기 잘못에 대해 반성해보라는 의미였던 것 같다. 어느 때는 한 자루만 꺾어 갈 때도 있었고, 어떤 날은 서너 개나 가져간 적도 있었다. 그렇지만 엄마의 회초리가 부당하다고 생각하며 원망한 기억은 한 번도 없었다.

이런 일도 있었다.

하루는 너무나 학교에 가기 싫었다. 터덜터덜 삽짝을 나서서 학교로 가면서 이런저런 핑곗거리를 생각하기에 바빴다. 잔머리를 아무리 굴려 봐도 아프다는 것밖에는 좋은 구실이 없었다. 저만치 동구까지 갔다가 집으로 되돌아왔다.

"엄마 배가 아퍼서 학교 몬가겠다. 아이고 배야!"

마루에 가방을 부려놓으며 배를 움켜쥐고 일단 벌러덩 누웠다.

설거지를 하던 엄마가 부엌에서 나오더니 이마를 짚어보며 찬찬히 나를 살폈다.

"그래, 마이 아푸나?" 함 보자, 열은 읍꼬, 배가 찹지도 안 하고, 괘안은데 와그라지?"

나는 혹시 도로 학교로 가라고 그럴까봐 앓는 소리를 내며 더욱 연기에 몰입했다. 한참 배를 쓸어주던 엄마는

"그라머 방에 드가서 좀 눕어있어 바라. 쫌 까라앉을랑가."

"엄마, 학교는 우야노?"

"우야기는, 아프다카는데 할 수 있나!"

방에 들어가 어느새 잠이 들었던지 눈을 떠 보니 집안이 조용했다. 어느덧 점심때가 되자 밭에서 일하던 엄마가 돌아왔다. 심심해서 집안 곳곳을 어슬렁거리다가 얼른 마루 끝에 주저앉았다.

"인자 괘안나?"

"은제. 안주 쪼매 아푸다."

"그래! 그라모 밥 묵으면 안 되겠네."

그러면서 엄마는 점심을 차려 와서는 날더러 보란듯이 맛나게

점심밥을 먹었다. 뱃속에서 자꾸만 밥 달라는 신호를 보내오고 입에선 침이 꼴깍꼴깍 넘어갔다.

"엄마 그래도 쪼매마 무 보까?"

"그라다가 배 더 아프모 우짤라꼬!"

말은 그렇게 하면서도 엄마는 얼른 내 밥과 숟가락을 가져다주었다. 밥 앞에서 배 아픈 연극놀이는 까맣게 잊어버리고 물에 밥을 말아 게 눈 감추듯 한 그릇을 순식간에 뚝딱 비웠다. 만복감에 흠뻑 취해 있는 내게 엄마는

"밥 묵는 거 보이 인자 배 안 아픈갑다. 엄마캉 밭 매러 가자."

그러면서 태연하게 호미를 내 손에 쥐어 주었다.

엄마의 눈에는 아이가 하는 말이 거짓인지 참인지 훤히 보이는 법이다. 진즉부터 꾀병인 줄 알면서도 억지로 학교에 보내지 않고 한나절 쉬게 해주었던 엄마가 고맙다. 땡볕 아래서 엄마를 돕다보면 시원한 그늘에서 공부하는 게 얼마나 호사스러운 일인지 금세 깨닫게 된다. 새털같이 많은 날 중에서 하루 학교에 가지 않는다고, 학습지가 좀 밀린다고 우리의 삶이 크게 달라질 건 없다. 단지 그러한 일탈에 재미를 들이면 안 된다는 걸 배워야 한다.

어쩌면 어른이 된다는 것은 알고 있어도 때로는 모른 척해주는 것인지도 모른다. 부모의 행동을 보면서 은연중에 스스로 배우고 익히도록 해야 한다. 아이를 교육한다며 어수룩하게 매부터 들었다가 꿈에서까지 악몽에 시달리는 나는 어른이 되려면 아직도 한

참 멀었나보다. 엄마처럼 아이의 손에 호미를 쥐여 주며 밭으로 데려갈 수도 없으니, 아이의 손을 잡고 시원한 도서관으로나 가서 한 수 가르치고 와야겠다.

(2010년)

국수

지나치게 덥다. 찬물로 샤워를 몇 번씩 해도 여전히 덥다. 끈적끈적 달라붙는 이 더위가 두려워지는 여름이다.

어느덧 저녁준비를 해야 할 시간, 불 앞에 서기가 겁난다. 또 어떤 찬으로 한 끼를 때울까 궁리한다. 이럴 땐 내가 아이들의 엄마라는 것도 잊고, 그 옛날의 아이가 되어 엄마가 해 주시던 그 시원하고 맛있던 국수가 먹고 싶어진다.

정작 엄마는 가난한 시절에 어쩔 수 없이 먹었던 국수를 싫어하셨다. 그래도 우리들은 유난히 국수를 좋아했다. 특히 두 오빠가 좋아했다. 그래서 여름이면 마당 한편엔 간이 아궁이가 만들어지고 거기다 커다란 양은솥을 걸었다. 부엌에 있는 무쇠솥에 불을 넣으면 방이 더워지기 때문에 해마다 여름이면 그렇게 했다. 그 간이 아궁이 옆에는 뒷산 계곡에서 끌어오는 계곡물이 항상 찰찰 넘쳤다.

그 솥에다 감자도 찌고, 옥수수도 삶아 먹었다. 가끔 아버지가 장에서 한 보자기씩 사 오시는 홍합도 그곳에 삶으면 더 맛있었다. 시원한 홍합국물과 그 노란 속살을 생각하니 지금도 침이 고인다. 그중에서 우리가 가장 자주 먹은 것이 국수였다. 엄마는 그 커다란 솥 한가득 국수를 삶아서 얼른 찬물에 설설 헹구고 커다란 채반 가득 국수사리를 만들어 놓았다. 미리 끓여 놓은 멸치 국물에 텃밭에서 따온 호박 볶은 나물과 오이채, 부추 삶아 무친 고명에 양념장이면 준비는 그만이었다. 대청마루에 둥근상을 펴고 옹기종기 모여앉아 제 양껏 국수를 말아 먹었다. 잘 익은 열무김치를 곁들여도 좋았다. 삽짝 앞을 지나가는 이웃이 있으면 불러서 한 그릇 나눠 먹기도 하였다.

여름 해는 길어서 저녁을 다 먹고 나서도 해는 아직 남아 있었다. 그러면 아버지는 삽을 어깨에 턱 걸치고 큰들내, 작은들내, 뒷골, 고랫골 논을 차례로 둘러보러 가시고, 엄마는 콩밭이나 고추밭에 김을 매러 가셨다. 나와 언니들은 목욕 준비를 하고 뒷골로 멱을 감으러 갔다. 그때만 해도 집에는 여름더위를 식혀 줄 만큼 마음 편히 씻을 곳이 마땅치 않았다. 그래서 여름밤이면 다 큰 처녀들은 계곡으로 목욕을 하러 갔었다. 누가 볼까봐 자꾸자꾸 깊은 골짜기로 꼭꼭 숨어들었다. 어린 나는 무섭기도 했지만, 시원한 폭포수 아래서 말끔히 몸을 씻고 물장구도 치고 놀다보면 무서움과 함께 하루의 더위가 싹 가셨다.

작은오빠는 좀 짓궂었다. 엄마 몰래 쌀을 퍼다, 길 건너 양계장에 가서 달걀과 바꿔 와서는 친구들과 나눠먹곤 했다. 가끔 나에게 들켜서 입막음으로 달걀을 몇 개 나눠 주기도 했는데, 그때 먹었던 달걀은 또 어찌나 맛이 있었던지 엄마에 대한 죄책감도 잊게 했다.

이렇게 각자의 일들을 마친 가족들은 밤이 깊으면 다시 대청마루에 모이게 되는데, 그때쯤이면 저녁나절에 먹었던 국수는 소화가 다 돼서 출출했다. 또다시 둥근상이 펴지고 밤참으로 먹는 국수는, 다시 삶을 것도 없이 저녁나절에 넉넉히 삶아 놓았던 그 국수다. 모두들 한 그릇씩 받아 들면 그 많던 국수는 금방 없어져 버렸다. 밭에서 금방 따온 옥수수나 찐 감자가 함께 나오는 날은 배꼽이 불룩하게 나오도록 호사를 하는 날이었다.

이 여름 더위에 한없이 늘어지는 내가 부끄럽다. 선풍기도 에어컨도 냉장고마저 없었던 그 여름이 지금의 여름보다는 더 무더웠을 것이다. 그러나 더위 한번 안 먹고 건강하게 잘 견뎠었다. 그런데 모든 것이 훨씬 편리해진 지금, 오히려 이렇게 더위에 힘을 못 쓰는 걸 보면 생활의 편리에 따라 그만큼 우리가 많이 나약해져버린 것 같아 씁쓸하다.

별것도 아닌 국수 한 그릇과 찐 옥수수 한 자루에 한없이 행복했던 그 시절, 깜깜한 밤 몰래몰래 계곡물에 멱 감던 그 기억으로 이 무더운 여름을 참아내야겠다. 엄마가 해 주시던 그 맛은 나지 않겠지만 오늘 저녁엔 시원한 국수를 말아봐야겠다. (2004년)

생명이 눈 뜨는 달

어머! 왜 이러지요? 바람이 솜사탕처럼 달콤하게 느껴지네요. 이제껏 느꼈던 겨울바람이 아니에요. 첫아들 낳은 며느리한테 숙어드는 시어머니같이 바람에도 어느덧 냉기가 가시고 피부에 닿는 바람이 솜털처럼 부드럽게 느껴집니다. 따뜻한 봄이 멀지 않은 2월입니다.

2월은 열두 달 중 가장 짧은 달입니다. 겨울방학이 끝나고 돌아서면 금세 아이들은 또 봄방학에 들어갑니다. 봄방학은 지난 학년을 마무리하고 다음 학년에 대한 전의를 가다듬는 기간입니다. 학업성취도에 대한 선생님의 평가서를 받고, 모범적으로 생활한 학생들에게는 상장도 주어집니다. 그리고 새 학년에서 공부할 반도 배정받습니다. 그리고 졸업시즌이 있는 달도 2월입니다. 정든 학교를 떠나 더 높은 학교로, 사회로 떠날 채비를 하는 때이지요.

직장에서도 마찬가지입니다. 한 해 실적에 대한 평가를 받고, 높은 직급으로 승진하기 위해 시험과 면접을 보는 때도 바로 2월입니다. 2월은 이렇게 두근두근 기대와 설렘이 있는 달입니다.

살을 찌를 듯 차가웠던 겨울바람에도 가시가 빠지고 피부에 닿는 느낌이 그저 민숭민숭해지는 2월입니다. 그러나 안심하기엔 아직 이릅니다. 볕 좋은 양달에서 성급한 봄풀이 세상 밖으로 고개를 삐죽이 내밀다 심술궂은 꽃샘추위에 얼른 어깨를 움츠립니다. 겁 많은 목련은 담요 같은 두꺼운 털옷을 머리끝까지 뒤집어쓰고 게으름을 피우고 있습니다. 그래도 매화는 꿋꿋이 잔설을 털고 탐스런 꽃송이를 피우구요. 산수유, 개나리도 날름대는 봄바람이 간지러워 메마른 가지 위로 버짐 같은 꽃눈을 다닥다닥 매달았네요. 누가 시키지 않아도 봄은 이렇게 우리들 가까이로 성큼성큼 다가오고 있습니다.

2월은 이렇게 세상 모든 만물이 '눈 뜨는 달'이라는 생각이 듭니다. 우리는 밤에 잠자리에 든 후 다음날 아침에 눈을 뜹니다. 마술처럼 오늘은 내일이 되어 버리고 아침에 눈 뜨면 언제나 새 오늘이 눈 앞에 펼쳐져 있습니다. 해가 바뀌고 어물어물하다 1월이 가고 2월이 오는 것처럼, 어쩜 이렇게 하루와 한 해의 시작이 닮은꼴인지 놀라울 따름입니다.

이불 속에서 눈을 뜹니다. 아침햇살이 벌써 창호지를 환하게 밝혔습니다. 가마솥에 물 붓는 소리가 들리고 솥뚜껑 여닫는 소리도 들립니다. 부지런한 참새들이 아침거리를 장만하는지 울타리 근처가 수선스럽네요. 나무 위에서 까치도 덩달아 까옥까옥 두어 번 목청을 풀어 보네요. 써억써억, 외양간에서는 아버지가 쇠죽을 쑤려는지 작두에 짚 먹이는 소리가 들려옵니다. 다시 달콤한 잠속으로 빠져들고 싶어 이불을 당겨 덮고 모로 누워 봅니다. 엄마가 아궁이에 불을 지폈는지 맵싸한 연기 냄새가 구들을 타고 스믈스믈 올라옵니다. 곧이어 정겨운 도마소리가 탁탁탁탁, 마치 기상나팔 소리처럼 경쾌하게 울려 퍼집니다. 가만히 누워서 '오늘 아침은 무슨 국일까?' 코를 큼큼거려 봅니다. 희미한 된장국 냄새가 맡아지는 것 같기도 합니다. 점점 따스해지는 이불 속으로 파고듭니다. 엄마가 깨우러 올 때까지 그렇게 행복한 게으름을 피우며 아침의 안온함을 한껏 즐겨봅니다.

2월의 느낌은 해 뜨는 아침의 따뜻한 이불 속 설렘과도 같습니다. 아궁이에 불을 넣어 구들장이 다시 뜨뜻해져오면, 이미 잠을 깨고도 몸은 따뜻한 이불 속을 파고들게 됩니다. 귀는 바깥 동정에 활짝 열려 있지만 몸은 이불 속이 좋다고 꼼짝을 않습니다. 생각만 일어나 이불을 개고, 걸레를 빨아 방을 닦고 마루를 훔치고 있습니다. 곧 엄마의 목소리가 들려올 것입니다.

"어이 인나거라! 해가 중천에 떴다. 얼릉!"

그러면 우리는 못이긴 체 꾸물거리며 일어나 방을 치우고 세수를 하고 아침 먹을 먹곤 했지요.

2월은 눈 뜨는 달입니다. 점점 따뜻해지는 땅속에서 씨앗은 이미 싹을 틔웠을 겁니다. 이제 따뜻한 봄바람이 부드럽게 대지를 쓸며 온갖 생명들에게 서두르라고 재촉을 하겠지요. 세상 밖으로 활짝 귀를 열어 두고, 바람의 재촉을 기다리는 생명들의 수선스런 마음이 보이지 않나요?

2월은 생명이 눈 뜨는 달입니다.

(2009년)

이야기가 있는 여름

여름밤이다. 온 가족이 텔레비전 앞에 모여 앉았다. 오싹한 귀신영화라도 나오면 한결 시원해질 것 같은 여름밤이다.

어릴 적 시골집, 모깃불 피워놓고 대청마루에 앉아서 보던 프로들은 재미있었다. 입가에 붉은 피를 흘리며 홀연히 나타나던 처녀귀신이야기며, "내 다리 내놔라." 하고 한쪽발로 껑충껑충 달려오던 효자 이야기도 재미있게 봤던 생각이 난다. 귀신이야기를 듣거나 텔레비전에서 본 날은 밤에 화장실 가기가 무척 힘들었다. 뭔가가 등 뒤에서 머리채를 와락 낚아챌 것만 같아서 자꾸만 뒤가 돌아봐지던 기억이 난다.

엄마의 무릎을 베고 누워 옛날이야기를 해 달라고 조르면 엄마는 "이바구 그래 너무 좋아해싸면 가난하게 산단다." 하시면서도 구성진 이야기보따리를 한 자락 풀어놓던 때도 바로 여름밤이었던 것 같다. 옛날 내가 엄마에게 그랬던 것처럼 아이들이 이야기를 해 달라며 조른다. 귀신이야기는 생각나는 게 없고 어릴 적, 언니와 산에 소 먹이러 갔던 기억이 나서 이야기를 시작했다.

내가 열 살 무렵, 여름방학이 끝나갈 즈음이다. 원래 산에 소 먹이러 가는 일은 오빠들이나 하는 일이었다. 평소 세 살 터울인 언니와 내게 맡겨진 일은 원두막에서 수박을 지키거나, 들판에 염소를 몰고 나가서 풀을 뜯기는 것이었다. 염소 목에 맨 줄을 붙잡고 가다가 묵정밭이나 저수지 둑같이 적당한 장소를 찾으면 줄에 묶인 말뚝을 땅에다 돌로 쳐서 단단하게 박았다. 그리고는 염소를 지켜보는 것이 우리가 할 일이었다. 염소가 혹 남의 밭에 들어가서 콩잎을 먹던가 하면 큰일이었다. 그렇게 염소와 함께 노는 게 우리의 일이었다.

그러던 것이 작은 오빠가 고등학생이 되어 창원으로 유학을 가고나니 산에 소 먹이러 갈 사람이 없었다. 아버지가 먼저 소 먹이러 가라고 한 건지, 겁 없고 모험심 강한 언니가 먼저 가겠다고 자청한 건지는 모르겠다. 어쨌든 오빠에 비하면 뭔가 부족할 것 같은 언니의 덤으로 나도 소먹이의 일행이 되었던 것이다.

점심을 먹고 나면 동네 오빠들이 소를 몰고 모두 뒷동산에 모였다. 산을 향해 좁은 오솔길을 각자의 소를 몰고 줄을 서서 갔다. 목장을 지나 잡풀이 무성한 장소를 찾으면 소를 놓았다. 소가 혹시라도 끈에 목이 조일까봐 소의 양쪽 뿔에다 소를 끌었던 줄을 친친 감아서 단단히 고정을 시켰다. 소 엉덩이를 툭 쳐서 소를 산으로 올려 보내고 나면 그때부터는 우리들의 신나는 놀이시간이었다.

입은 채로 계곡에 첨벙 뛰어들어 물장구를 치다가 지치면 목장에 지천으로 널린 옥수수를 서리해 불에 구워 먹었다. 입가에 꺼멓게 검정을 묻히면서도 오빠들 옆에 끼어 맛있게 옥수수를 먹었다. 집에서 감자를 몇 알 주머니에 넣어 갈 때도 있었다. 하얗게 벌어진 설익은 올밤을 토끼처럼 입으로 까서 씹어 먹으면 연하게 배어나던 단물은 들에서 따먹던 시금들쩍한 까마중과는 댈 게 아니었다.

그렇게 며칠, 산을 헤집고 다니며 노는 재미에 익숙해져 갈 무렵이었다. 그날도 소를 산에 올려놓고 신나게 놀다가 해가 뉘엿해져서 산을 올려다보며 소를 찾았다. 사방 어디를 둘러봐도 초록 천지인 산에서 소의 누런 등은 쉽게 눈에 띄지 않았다. 소들은 대개 저들끼리 몇 마리씩 모여서 풀을 뜯었다. 오빠들과 우르르 소를 찾으러 산으로 올라갔다. 그런데 웬일인지 우리 소만 없었다. 사람의 얼굴이 제각각인 것처럼 소도 모두 얼굴이 다르다. 언니와 나는 놀라서 이리저리 뛰어다니며 풀쐐기에 쏘이는 줄도 모르고 소를 찾았다. 그러나 우리 누렁이는 어디에도 없었다. 같이 소를 찾던 동네 오빠들도 지쳤는지 어두워지면 소가 저 알아서 집을 찾아 산을 내려갈 수도 있으니 집으로 가 보자고 했다.

소는 잃어버리고 놀기만 했다고 아버지에게 혼이 날까봐 차마 삽짝 안으로 들어가 보지는 못하고 울타리 사이로 집안의 동정을 살폈다. 외양간이 텅 비어있는 걸 보니 소가 저 혼자 집에 온 것은 아닌가 보았다. 울상이 된 언니와 나는 오던 길을 되짚어 다시 산으로 갔다. 산길은 제법 깜깜하게 어두워져 있었다. 진땀이 밴 언니의 손을 꼭 잡고 산길을 더듬으며 걸었다. 시커먼 나무 그림자가 귀신이 풀어헤친 머리카락처럼 보였다. 낮에는 그토록 극성맞던 매미 소리도 들리지 않았다. 찌르르찌르르 힘없이 울어대는 풀벌레 소리만 희미하게 들려올 뿐 너무도 조용했다. 자꾸만 눈물이 났다.

"언니야, 무섭다."

내가 울면서 투정을 부리자 언니는 막 화를 냈다.

"나도 무섭다. 무서버 죽겠구만 와 자꼬 찔찔 짜노. 뚝 그치라 마!"

그러면서 내 입 주위를 툭 쳤다. 그만 그치라는 시늉이었지만 때마침 코에서는 코피가 주르륵 흘렀다. 이물감에 손으로 코를 문지르던 나는 시커먼 피를 보고는 더욱 큰 소리로 울었다. 난감해진 언니는 쑥을 뜯어 쓱쓱 비벼서 코피를 닦아 주었다. 코피를 닦고 눈물을 닦아주고, 등을 두드려준 언니 덕분에 조금 진정이 되었다.

뒷골 우리 논배미를 돌아 몇 개의 묘가 있는 곳을 지날 때였다. 묘지 옆에서 희미하게 희끗희끗한 물체가 보였다. 순간 머리카락이 쭈뼛해지고 얼음물을 갑자기 마셨을 때처럼 머리가 띵해졌다.

조심스럽게 천천히 한 걸음씩 묘지 가까이 다가가 보았다. 자세히 보니 그 희끗한 물체는 바로 우리 누렁이였다. 얼마나 반갑던지 참고 있었던 눈물이 또 왈칵 솟았다. 우리의 그런 마음을 아는지 모르는지 소는 제 외양간에라도 누운 듯 묘지 옆에서 한가로이 되새김질을 하고 있었다. 소뿔에 묶인 끈을 풀어 손에 꼭 쥔 언니를 따라 어두워진 산길을 서둘러 내려왔다. 그렇게 그 해 여름도 저물고 있었다.

어린 시절을 회상하다 보니 조상 때부터 살아온 이 땅에 서려 있을 수많은 이야기들에 대해 생각해 보게 된다. 시골 어디에나 있는 나무, 바위, 골짜기, 계곡과 고개 마루는 늘 그것들을 보면서 자란 사람들에게 나름대로 향수를 불러일으킬 이야기들을 한 자락씩 지니고 있기 마련이다. 신화나 전설 같은 이야기뿐 아니라 사람들이 살아가면서 만들어 냈을, 그리고 지금도 만들어지고 있을 무수히 많은 이야기들. 그래서 세월이 지나도 눈만 감으면 아련하게 그 바위, 그 산과 함께 그에 얽힌 이야기들이 희미하게 우리의 기억에 떠오르게 되는 것이다.

밤하늘의 별들만큼 아득하게만 느껴지는 이야기, 그래서 더욱 호기심 나는 서럽고도 아련한, 무섭고도 재미있는 그럴듯한 이야기가 간절해지는 여름밤이다.

(2006년)

V.

웅덩이

꿈

아버지는 소농가의 농사꾼이셨다. 열 몇 마지기의 논농사와 두어 마지기의 밭농사로 우리 오남매를 키우셨다. 그래서 우리들은 늘 빠듯하게 살았던 것 같다. 육성회비의 납부기한을 넘기기 일쑤였고 큰오빠는 공부를 잘 했음에도 대학에 가지 못했다. 아버지의 능력으로는 고등학교가 전부라고 하셨다. 오남매 모두 고등학교까지 졸업시키는 것이 아버지의 꿈이었다. 학교 문턱에도 가보지 못한 아버지에겐 어렵고도 힘든 꿈이었으리라.

중학교 2학년 때인가, 학교에서 수학여행을 간다고 했다. 그러나 나는 꿈도 꿀 수 없었다. 오남매 중 막내인 내가 그 정도였으니 다른 형제들은 볼 것도 없었다. 여행비 몇 푼이 없어서였을까? 아님 형제들과의 형평성 때문이었을까? 친구들이 여행에 대한 기대감으로 이런저런 이야기를 하는 동안에도, 수학여행을 떠난 후 그들이 돌아올 때까지 2박3일 동안에도, 여행에서 돌아와 사진을 돌려보며 깔깔대고 즐거워할 때도 나는 꿔다 놓은 보릿자루였다.

중학교 3학년이 되어 진로를 결정할 때였다. 친구들은 인문계냐, 실업계냐 저울질을 하고 있을 때, 난 당연히 실업계에 가서 취업을 하는 것이 나의 길이라고 생각했다. 꿈 같은 건 없었다. 만약, 그때 대학을 가겠다고 울며불며 우기고 매달렸다면 아버지는 과연 어떤 결론을 내리셨을까? 요즘도 가끔 그런 미련을 가져볼 때가 있다. 오남매 중 막내였으니 가능성이 전혀 없는 것도 아니었을 텐데…….

고등학교에서는 성적이 별로 신통치 못했다. 주산이며, 부기, 그런 과목들에는 흥미가 없었다. 방과후에 미술실에서 그림을 그리거나 책을 읽을 때가 좋았다. 부질없이 낙서를 해대며 아무런 꿈도 없이 그저 시간만 죽이고 있는 나를 생각하면 울화가 치밀기도 했다. 그러다 고등학교 3학년 가을, 교내 백일장에서 뜻밖에 장원을 했다. 기쁨보다는 아쉬움이 앞섰다. 모두 포기하고 있었는데 상이라니! 그제야 '무엇이든 좀 열심히 할 걸.' 하는 후회가 밀려왔다. 이미 고3의 가을은 그렇게 속절없이 흘러갔고, 대학진학과 글쓰기에 대한 꿈은 저만치 접어둔 채 현실에 안주했다.

졸업을 했다. 나를 마지막으로 아버지의 꿈은 완전하게 이루어졌다. 꿈을 이룬 아버지의 얼굴은 편안해 보였다. 미진한 구석이 있었겠지만 당신 나름대로는 최선을 다한 결과였다는 걸 안다.

그러나 나는 내 꿈이 무산됨을 다시 확인하는 바보일 뿐이었다.

4년여의 직장생활 후 결혼을 했고, 작은아이가 두세 살 때였다. 세월이 그냥 흘러가고 있다는 생각이 들었다. 바쁘게 오가는 길거리의 사람들을 보면서, 그들은 살아서 맑은 물로 흘러가고 있는데, 나만 고여서 썩어가고 있다는 자괴감에 빠졌다.

그 상황에서 벗어나기 위해, 아니 나 자신이 그 상황을 인지하지 못하게 하려고 책을 찾았다. 아무거나 닥치는 대로 읽어대기 시작했다. 소설집, 시집, 월간잡지, 신문 할 것 없이 활자에 걸신들린 사람처럼 읽어댔다. 그것이 지루한 일상의 유일한 탈출구였으므로…….

책읽기를 얼마간 하고 나니 나도 한번 써보고 싶다는 생각이 들었다. 그래서 무작정 부산 B대학 평생교육원 시창작반에 등록을 했다. 즐거웠다. 심장이 펄떡이며 뛰고, 살아 있다는 것이 환희로 다가왔다. 그렇게 두 학기를 마쳤다. 세 번째 등록을 했을 때, 남편이 부산에서 천안으로 발령을 받았다. 이사를 오면서 등록을 취소했고, 연이어 셋째아이의 임신 사실을 알았다. 그래서 또다시 내 꿈은 펼쳐볼 겨를도 없이 접어야 했다. 대신 또 책읽기에 매달렸다. 책읽기는 내 꿈의 이정표였다.

드디어 막내가 유치원에 들어갔다. 혼자 있는 오전의 여유시간이 정말 감사하고 귀했다. 다시 꿈의 불씨를 지펴야 할 때가 온 것이다. 그런 중에 충남학생회관의 글쓰기 강좌는 내 꿈의 불쏘시개가 되어주었다. 매주 화요일이면 비슷한 꿈을 가진 사람들끼리 만나 글쓰기 공부를 한다. 몇 줄이라도 성실하게 적어가서 돌려 읽으며 공감대를 찾는다. 좋은 점, 고칠 곳을 찾으며 합평회도 한다.

나는 이제까지 꿈을 마음 깊은 곳에 꼭꼭 묻어두었다. 그러나 꿈은 언제나 불타오를 준비를 하고 있는 것 같다. 스스로 그 꿈의 불씨를 꺼버리지 않는다면, 불씨는 언젠가 큰 바람과 좋은 날씨를 만나, 인생의 아름다운 불꽃이 되어 활활 타오를 수 있을 것이다.

강의가 있는 화요일을 기다리며 한 주를 지낸다. 그날이 되면 즐거운 마음으로 꿈을 만나러 간다. 그곳에 가면 내 꿈이 보인다. 아마도 그곳이 내 꿈의 불쏘시개이고, 그것은 머지않아 큰 불길이 되어 활활 타오를 것 같은 예감이 든다. 그날을 위해 잘 마른 장작을 부지런히 모아 두어야겠다.

(2004년)

웅덩이

어떤 일이든 처음은 있기 마련이다. 웅덩이는 자각自覺의 이미지로서 나의 삶에 긍정적인 출발을 알리는 신호탄이 되었던 것 같다.

둘째가 두 살이던 1993년 어느 날 아침, 네 살배기 아들을 유치원에 보내기 위해 아파트 입구로 나갔다. 아이를 차에 태워 보내고 나자 아침시간이 헐렁해지면서 주변풍경이 눈에 들어왔다. 언덕이라고 해야 할 만큼 높은 곳에 위치한 아파트에 살던 때다. 고만고만한 아파트단지가 들어선 공동 주택지였으므로 유동인구가 많았다. 40도로 경사진 언덕길 아래로 많은 사람들이 빠른 걸음으로 내려가고 있었다. 책가방을 멘 학생들, 핸드백을 걸친 젊은 아가씨, 말끔하게 차려입은 아줌마, 아저씨도 어딜 그렇게 바쁘게 가고 있는지, 그날따라 그 풍경이 낯설게 느껴졌다. 아침 일찍 남편 출근시키고 서둘러 큰아이 밥 먹이고 준비시켜서 유치원에 보내고 나니 할일이 없어져버린 것 같은 나는 잠시 어리둥절해 있었다.

집으로 들어가려던 내 눈에 작은 웅덩이가 들어왔다. 전날 내린 비로 조금 낮은 곳에 만들어진 웅덩이였다. 흙이 가라앉은 웅덩이에 맑은 하늘이 떠 있었다. 순간, 그 웅덩이가 내 모습 같다는 생각이 들었다. 다른 많은 사람들은 흐르는 물처럼 저렇게 자신의 일을 찾아 어디론가 바삐 가고 있는데 나만 집에서 웅덩이처럼 햇볕에 말라가고 있는 건 아닐까! 웅덩이처럼 작은 곤충이나 벌레들이 날아와 윙윙대다 결국 조용히 말라버리게 되는 건 끔찍하다는 생각이 들었다.

아이를 업고 집으로 오면서 내가 할 수 있는 일을 생각해 보았다. 어린애 때문에 직장을 다닐 수도 부업을 할 수도 없었다. 내가 좋아하고, 잘할 수 있으면서 현실 가능한 일을 고민하다가 책 생각이 났다. '그래 바로 책읽기다.' 읽기만으로 끝내는 것 보단 그때그때 독서일지를 써보기로 했다. 이웃 애기엄마에게 추천받은 책도 읽고, 남편 월급날이면 서점에서 보고 싶던 책을 아이들과 함께 골랐다. 아이에겐 동화책을 전집보단 낱권을 고르게 했다.

집안일과 육아 틈틈이 책을 읽고 독서일기를 적었다. 월급날이면 서점에 가서 책 고르는 일이 월례행사가 됐다. 그렇게 몇 년을 보내다보니 독서가 습관이 되었다. 대학노트에 차곡차곡 쓰여 있는 독서일지를 볼 때마다 농부가 추수한 벼 가마니 바라보듯 뿌듯했다. 그렇게 8여 년을 보내고 천안으로 이사를 왔다. 또다시 셋째를 임신했고, 나의 외출 계획은 물거품이 되었다. 다시 서성이는 마음을 책으로 다독여야 했다. 천안으로 이사 온 후로는 도서관을 이용했다. 이동도서관은 아파트까지 찾아와 줘서 편리했다.

시간이 흘러 막내가 다섯 살이 되었다. 유치원에 아이를 보내고 나니 비로소 나만의 시간이 생겼다. 글을 쓰고 싶다는 생각에 글쓰기 교실을 찾았고 수필을 만났다. 수필과 조우한 지 두어 달, 백일장에 나가보라는 추천을 받았다. 스스로도 미심쩍어 하면서 백일장에 나가 산문을 썼다. 글제는 '꿈'이었다. 주어진 시간은 한 시간 삼십 분 정도로 긴 글을 다듬기엔 턱없이 부족했다. 그래도 큰 줄기만 정리해서 제출했다. 큰 기대는 하지 않았다. 정리도 덜 된 것 같았고, 스스로도 흡족한 글은 아니었으나 솔직하게는 쓴 것 같아서 큰맘 먹고 제출했다.

그런데 웬일로 내가 '산문부' 장원이었다. 상을 받고 수필교실 수강생들과 기쁨을 나누고 문인협회 선생님들과 인사가 오갔다. 꿈을 꾸는 것 같았다. 그날 저녁, 집에 가서 하루 일을 곰곰 되돌아보다가 뜬금없이 눈물이 나기 시작했다. 나중에는 숫제 소리까지 내며 북받쳐 어쩔 줄을 몰랐다. '시인, 소설가, 작가' 내가 얼마나 동경하던 단어였던가! 그런 단어는 저 멀리, 나하고는 동떨어진 다른 세상에 있는 말 일거라고 생각했다. 그저 그들이 곱게 지어놓은 글들을 읽으며 감동하고, 고개 끄덕이는 것이 내 역할이었다. 그런데 내가 문인협회 회원이라니! 그렇게 얼떨결에 나는 수필가가 되었다.

'문인'이란 타이틀을 얻었지만 스스로 한없이 작았고 부족했다. 그래서 더 서러웠다. 시를 쓰고 읽으며 보냈던 학창시절이 떠올랐고, '좀 더 공부에 정진할 걸.', '아무리 어려워도 아버지께 대학교 보내 달라고 좀 조르기라도 해 볼 걸.' 하는 때늦은 후회가 들었다. 그런 자각과 반성 속에서 눈에 들어 온 것이 '방송통신대학교'였다. 입학원서를 냈고, 기다리던 합격통지서를 받고 오매불망 그리던 국어국문학과 대학생이 되었다. '대학국어' 교과서를 앞에 놓고 또다시 감격에 겨워 눈물을 펑펑 쏟았다. 그렇게 시작했고 정말 재밌게 공부했다. 아이들을 학교와 유치원으로 보내고 나면 집은 나만의 학교가 됐다. 시간표를 짜고 과목별로 공부 계획을 세웠고 철저하게 그 계획을 지켰다. 그 결과 4년 동안 장학금을 받으며 공부할 수 있었다.

대학공부와 함께 '독서지도사', '신문활용논술지도사' 등의 공부도 병행하며 자격증을 취득했다. 초등학교 '방과후독서교실'에 원서를 냈으나 경력이 없어 그랬는지 번번이 미역국을 먹었다. 궁리 끝에 집에서 논술교실을 열어 아이들을 가르쳤다. 1년쯤 됐을 때 '직업상담사' 국가자격증 공부를 시작해 자격증을 취득하였고 공부방을 접고 직장생활을 시작했다.

40대 중반에 시작한 직장생활이 벌써 5년째 접어든다. 웅덩이 앞에서 자신을 비춰보았던 그날 이후, 20년 넘는 시간동안 참 열심히 앞만 보고 달려온 것 같다. 매일 아침 바쁘게 출근 준비를 하고, 수많은 차량들 틈바구니에 끼어 차를 몰아 직장에 출근 한다. 지루할 새도 없이 하루가, 일 주일이, 한 달이 흐른다.

떨어진 빗물이 고여 만들어진 웅덩이 말고, 스스로 끊임없이 솟아나는 샘물이 되고자 새로운 목표를 만들고, 계획을 세우며, 하루하루를 채워 간다. 샘물이 흘러넘쳐 스스로를 흠뻑 적시고, 흘러가는 곳마다 더불어 희망을 키워내길 기대하며, 오늘도 열심히 나의 샘을 깊고 넓게 손질하며 하루를 살아간다.

(2015년)

꿈의 날개를 달고

늘씬한 몸체다. 연기를 내뿜으며 분리대를 박차고 힘차게 비상하는 한국의 첫 우주발사체 나로호! 바다와 하늘을 배경삼아 하얀 불꽃이 빠르게 우주로 날아간다. 탄성이 터지고 저절로 두 손에 힘이 들어간다. 온 국민의 간절한 눈빛과 염원이 에너지가 되어 한마음으로 나로호를 우주로 밀어 올린다.

설레는 마음도 잠시, 나로호가 우주 궤도 진입에 실패했다는 뉴스가 날아든다. 한껏 부풀었던 마음은 탄식으로 바뀌고 안타까움은 진한 앙금이 되어 마음을 졸이게 한다. 많은 과학자들이 오랜 기간 동안 심혈을 기울여 야심차게 준비해 왔던 사업이다. 그래서 국민들의 관심이 더욱 집중됐던 사안인데…….

나로호가 발사되는 그날, 아침부터 내 눈과 귀는 자꾸만 전화기로 쏠렸다. 며칠 전, 초등학교 논술강사 자리가 있어 면접을 봤는데, 발표 일이 바로 그날이었기 때문이다. 내가 사는 아파트 주민자치회에서 논술을 가르치고 있긴 하지만, 학교에서 정식으로 일해 보는 게 내 소망이었다. 경력이 그리 많지 않아 서류심사에서부터 걱정을 했는데, 다행히 면접 보러 오라는 전화가 와서 너무나 좋았다. 마음은 벌써 최종합격이라도 된 듯 수업할 내용들이 머릿속에서 둥둥 떠다니고 있었다.

다른 과목은 1차합격자가 부서별로 한 명씩인데 논술만 유독 두 명이었다. 그러니까 논술과목에서는 한 사람이 최종적으로 탈락한다는 말이다. 담당 선생님은 서류심사에서 두 사람의 점수가 동점이라 그리됐다고 설명해주었다. 면접이라면 20여 년 전, 회사 입사할 때 보고는 처음이었다. 무엇을 준비해야 할 지, 어떤 태도로 임해야 할지 인터넷과 책을 뒤져보며 나름대로 꼼꼼하게 준비를 했다.

그날 면접을 보러온 논술교사 후보는 나보다 네 살이나 어렸다. 첫인상이 단단한 차돌 같아 보였다. 인사를 나누고 잠깐 얘기를 나눠보니 경력이 2년이란다. 학교에서의 강사 경력도 있고, 사설 논술 회사에서의 경력도 있다고 했다. 그러지 말아야지 하면서도, 저절로 움츠러드는 마음을 나도 어찌할 수 없었다.

결과 발표일, 아무리 기다려도 오전 내내 전화는 오지 않았다. '다음에 또 기회가 있겠지.' 하는 마음으로 애써 스스로를 다독였지만 처진 어깨를 밀어 올리기엔 역부족이었다. 결과를 묻는 남편의 전화를 받으니 내가 더 초라하게 느껴졌다. 위로와 격려로

통화를 끝낸 남편은 그날따라 일찍 퇴근을 했고, 시래기처럼 늘어져 있던 나를 고깃집으로 이끌었다.

"갓 대학을 졸업한 젊은 애들도 일자리 얻기가 얼마나 어려운데……."

하면서 고기를 구워 자꾸 내 밥그릇에 올려놓아 주는 것이었다.

위성이 일단 제 궤도에 진입하고 나면 더 이상 별도의 추진력은 필요 없다고 한다. 우주 공간에는 지상과 달리 공기나 다른 방해물이 없고, 위성의 원심력과 지구의 중력이 균형을 잡아주기 때문에 관성법칙에 따라 처음의 속도가 그대로 유지 된다고 한다. 그러니까 일단 궤도에 진입한 위성은 달이나 다른 행성들처럼 지구 주위를 반영구적으로 돌 수 있는 것이다. 그러고 보면 우주발사에서 일단 우주궤도까지 위성을 밀어 올리는 강력한 에너지가 승패의 관건이며, 고도의 기술력을 필요로 하는 부분인 것이다.

로켓을 보면 덩치가 어마어마하게 크다. 그중에서 실지로 위성이 차지하는 부분은 매우 작다. 로켓의 머리, 그러니까 뾰족한 윗부분에 인공위성이 들어있다. 그 작은 부분을 대기권 밖으로 밀어 올리기 위해서, 아래에 있는 큰 부피의 1단계 액체로켓이 필요하고, 가운데에 있는 2단계 고체로켓이 또 있어야만 하는 것이다. 지구 밖에 울타리처럼 쳐져있는 대기권을 뚫기 위해서는 그처럼 어마어마한 에너지가 필연적으로 소모되어야만 하는 것이다.

배불리 밥을 먹고 나니 그제야 조금 기운이 났다. 지금까지도 세상만사가 어디 그리 호락호락하기만 했었던가! 모든 일에는 꼭 거쳐야만 될 과정이 있는 법이다. 결과적으로 내게 아직 거쳐야 할 과정이 더 남아 있는 것이며, '경력자 우대'라는 단단한 대기권을 뚫어 낼 강력한 설득력과 든든한 경력이 부족했던 것이다. 아이들과 만날 날을 꿈꾸며 머릿속에서 바쁘게 날아다녔던 많은 생각들을 다시 차분하게 정리하자. 오히려 실수하지 않을 시간을 벌었다고 생각하자. 나만의 교수법을 연구하며 실력과 경험을 더 비축하자. 그렇게 마음을 다잡고 어두운 생각들을 비워내고 나니, 얹혔던 것이 쑥 내려간 듯 한결 홀가분해지는 걸 느낄 수 있었다.

나로호도 발사날짜를 몇 번이나 미뤄가며 세밀하게 준비했지만, 결과적으로 지구궤도에 성공적으로 안착하지는 못했다. 그러나 나로호가 지구의 단단한 장막을 뚫고, 언젠가는 힘차게 우주를 향해 날아오르리라는 것을 우리 온 국민은 굳게 믿고 있다. 믿음이 곧 꿈이며, 믿음은 꿈을 자라게 한다. 그리하여 꿈은 사람들의 '꿈 주머니' 크기에 따라 적당한 크기의 날개를 만들어 준다.

내 꿈의 힘을 믿고 다시 한 번 힘껏 날개를 저어보자, 저 높은 하늘 푸른 별들이 자유롭게 유영하는 아름다운 그곳에 닿을 때까지.

(2009년)

잠깐 바보

컴퓨터를 배우다 강사에게 무안을 당했다. 요즘 '파워포인트'를 배우는데, 시청에서 운영하는 무료정보화교육프로그램 중 하나이다. 3월 초부터 개강한 반에 3월 말경에야 빈자리가 생겨 겨우 합류하게 되었다. 교재의 진도가 이미 반 이상 나간 상태였으나, 옆 사람도 귀찮게 하고, 선생님에게도 물어가며 배워보니 진도를 따라잡는 데는 별 어려움이 없는 것 같아 보였다.

대부분이 30대 주부들이고 나 같은 40대는 몇 명 없었다. 유일하게 할아버지 한 분이 청일점으로 공부하고 있었다. 할아버지는 아무래도 이해하는 속도가 느려 젊은 여선생에게 지청구를 들으며 배우는데, 가끔은 함께 배우는 우리가 다 민망할 정도였다. 내심으로 '나는 저 할아버지 보다는 좀 낫겠지.'라고 생각하며 가슴을 쓸어내리곤 했다.

컴퓨터라는 게 그렇다. 내가 아는 부분만 알지, 모르는 부분에 대해서는 차근차근 설명을 들어 이해가 되기 전까지는 도무지 깜깜하다. 겁은 많아서 아무거나 눌러서 잘못될까봐 전전긍긍하기도 했다. 특히, 강사의 설명대로 했는데 제대로 안 될 때는 답답했다. 머뭇거리다 질문을 했는데 선생이 조근조근 설명을 해주지 않고, 큰 소리로 이렇게 저렇게 하라고 지시를 하면, 당황해서 이전에 알던 것까지 까먹어 버리고 더욱 더듬거리게 됐다.

메뉴판이 열리는 것도 커서가 화살표일 때가 다르고, 진행 커서일 때가 다르다. 커서를 클릭하는 바탕이 어디냐에 따라서 또 다른 메뉴창이 열린다. 알고 나면 별것도 아닌 것을, 그걸 몰라서 새파랗게 젊은 처녀선생에게 아침부터 창피를 당하고 나니 종일 기분이 뿌루퉁했다.

아무래도 처음부터 제대로 배우지 않아 그렇지 싶어 오기가 났다. 저녁에 컴퓨터 앞에 앉아 책을 폈다. 처음부터 70쪽까지 꼼꼼하게 읽으며 컴퓨터하고 씨름을 했다. 아는 것도 다시 체크하면서 다시 시작하는 마음으로 집중했다. 자습을 마치고나니 시간이 훌쩍 지나있었다.

이 일을 계기로 남보다 조금 더 안다는 우월감으로 상대를 무시하고, 상처 주는 언행을 한 적은 없었나를 생각해 보게 되었다. 왜 그런 일이 없었으랴! 아마도 알게 모르게 그런 실수를 허다하게 저질렀으리라. 많이 알아서가 아니라, 조금 더 안다는 것만으로 얼마나 아는 척을 했었을지 생각해 보니 얼굴이 저절로 붉어졌다. 사람이 미련해서 당해보고 나서야 겨우 깨닫게 되나보다.

배움에도 업그레이드가 필요하다. 어떤 일의 전문가나 박사 교수라도 빠르게 변화하는 정보화 사회에서 계속 공부하지 않으면 뒤처지기 마련이다. 지금 내가 알고 있는 앎이 미래에도 진리이리란 보장은 없다. 보아하니, 젊은 여선생은 늘 공부를 하는 눈치였다. 학원에 걸린 자격증만도 수십 종이 넘었다. 늦게 들어왔으면서 예습도 않고, 어제 가르친 것을 오늘 또 물어보니 얼마나 속이 갑갑했겠는가. 강사의 마음도 이해가 됐다.

인터넷에 접속하면 여러 카페에 사진과 그림, 음악을 멋지게 편집해서 올려놓고 솜씨를 자랑하는 사람들이 많다. 나는 그저 눈으로 보고 감탄만 하는 부류였다. 그러나 이젠 용기를 내보려 한다. 모르니까 배우러 가는 거지, 알면 뭐 하러 시간 죽이며 배우러 가겠는가! 중국 속담에, '물어보는 사람은 잠깐 동안 바보가 되고, 묻지 않는 사람은 영원히 바보가 된다.'는 말이 있다. 영원한 바보가 되지 않으려면 싫은 말을 듣더라도 자꾸만 묻고 배워서 반복 연습을 해 보는 방법밖엔 없다.

나는 젊다. 나이가 적어서 젊은 게 아니라 뭔가 끊임없이 배우고 있어서 젊다. 무안당하는 것을 두려워하지 말자. 다만 창피를 당하고 주저앉기보다는 그 무안함을 이기고, 한 발 앞으로 나아가는 사람이 되자. 늘 공부하는 사람은 늙지 않는다.*

(2009년)

* 김미경의 '꿈이 있는 여자는 늙지 않는다.'에서 따온 말.

완행열차를 타고

"꼭 좀 부탁합니다."

"몇 개월 후면 우리 부부의 생계마저 걱정입니다."

취업을 부탁하는 50대 주부의 간절함이 가슴으로 전해져온다. 딸은 몇 해 전 시집보냈고, 아들은 올 연말에 결혼할 예정이란다. 남편의 정년은 몇 달 후로 잡혀있고, 받지도 않은 퇴직금은 아들의 전세 집값으로 이미 용처가 정해져 있단다. 틈틈이 모아 두었던 얼마간의 저축도 아들 결혼자금으로 시나브로 다 없어져 버리고, 남은 건 부부의 몇 개월 치 생활비로도 부족한 형편이란다.

내 직업은 직업상담사다. 올해 3월, 40대 중반의 늦은 나이에 일의 세계로 겁도 없이 뛰어들었다. 작년 여름 우연히 '직업상담사'라는 자격증을 알게 되었고, 국가자격증이며, 이론과 실기, 두 번의 시험을 거쳐야 자격증을 취득할 수 있다는 말에 솔깃했다. 쉽게 얻을 수 없는 것이기에 더 갖고 싶었다. 5개월의 분투 끝에 12월도 며칠 남지 않은 어느 날 자격증을 손에 넣을 수 있었다. 자격증만 따면 당장이라도 취직을 하고, 세상을 다 얻을 것 같았으나 취업의 길은 그리 호락호락하지 않았다.

몇 번의 시도 끝에 어렵사리 지금의 자리를 얻었다. 오후 1시부터 6시까지 일하는 파트타임이다. 소지한 자격증과 무관한 업무는 아니지만 굳이 자격증이 없어도 가능한 업무였다. 임금도 내가 상상했던 금액보다 터무니없이 적었다. '겨우 파트타임으로 일하려고 어렵사리 자격증 공부에 매달렸던가!' 자괴감도 들었다. 그러나 '시작은 미미하나 그 끝은 창대하리라.'라는 말을 기독교인은 아니지만 가슴에 새겼다.

취업시장에서는 업종에 관계없이 경력자가 우선인 원칙이 있다. '국가자격증도 2년 정도의 경력으로 인정한다.'는 속설이 있기는 하지만 내가 만난 취업현장에서는 자격증보다도 경력자가 우선이었다. 일의 세계에서 나이는 숫자에 불과하며 거추장스러운 짐이었을 뿐 내 신분은 '신입' 그 이상도 이하도 아니었다. 20대 아가씨들의 업무를 보조하며 새롭게 일을 시작했다. 그나마 책임감을 가지고 능력을 발휘해볼 만한 일은 기회마저 주어지지 않았고, 그때그때 긴급하게 수행해야 할 일들이 주어졌다. 결혼 전 사무직에서 근무했던 터라 컴퓨터를 다루는 일에는 능숙하리라 자부해 왔으나 새 직장에서 쓰는 프로그램에 익숙해지는 데에는 시간이 필요했다.

그래도 하루하루 시간은 잘도 흘러 벌써 몇 개월이라는 경력이 쌓였다. 차츰 일머리가 어디서 어디로 어떻게 돌아가는지 눈에 들어오기 시작했다. 내방자들을 만나고 많은 상담전화를 받았다. 구인을 의뢰하는 쪽에서는 보다 낮은 임금으로 좋은 조건의 유능한 경력자를 원한다. 반대로 구직자는 경력이나 자격증이 없어도 되는, 근무조건이 좋고 임금이 높은 곳을 선호한다. 구직자가 원하는 임금에 맞추면 학력이나 경력, 또는 연령제한에서 막혔고, 좋은 조건의 직장이 있어 구직자를 살펴보면 자격증이나 경력을 갖춘 사람을 찾기가 어려웠다.

근래 매스컴 발표를 보면 50대 여성 고용률(59.3%)이 20대 남성(58.5%) 고용률을 앞질렀다고 한다. 평균적으로 50대 주부들은 20대 자녀를 두고 있다. 아직 대학에 다니거나 혹은 직장에 다니는 자녀를 두고 있고, 이르면 벌써 결혼한 자녀도 있다. 이렇듯 자녀들을 그만큼 길러놨으니 부부끼리 손잡고 여행이나 다니며, 우아하고 여유롭게 취미생활을 즐기며 삶의 재미를 느낄 나이지만 현실은 그렇지 않다. 대학만 졸업시켜 놓으면 부모로써 할 일은 다 했거니 싶었으나 산 너머 산이라고, 취업준비나 어학연수, 각종 자격증 공부 등 돈 들어갈 구멍만 여기저기에 뻥뻥 뚫려 있다. 자녀가 운 좋게 취직이 되고 나면 또 결혼비용이 문제다. 평균수명이 길어져 부부의 노후생활 자금도 미리 준비해 놓아야 한다. 남편 혼자 벌어 감당하기엔 이래저래 역부족이다.

좋은 직장에 다니던 여성들도 결혼을 하고 아이를 낳아 기르다 보면 사정이 여의치 않아 대부분 직장을 그만두게 된다. 그렇게 가정과 육아에 전념하다보면 30대가 훌쩍 지나가 버린다. 그러다 40대가 되고 웬만큼 아이가 자라 여유가 생기면 직장을 알아보려고 취업시장을 기웃거려본다. 하지만 구인조건이 결혼 전 직장에서 받았던 대우와는 차이가 있어 당황하게 된다. 그래도 실망하지 말고 상담을 받고, 자신이 가진 장점과 적성을 찾아야 한다. 필요한 교육을 통해 자격증을 취득하고 자꾸 문을 두드리다 보면 취업의 문은 반드시 열리게 되어있다.

취업을 위해 조언하는 전문가들은 말한다. '일단은 방향을 정하고 취업이란 기차부터 타고 보라.'고. 처음부터 돈도 많이 벌고, 근무조건도 좋은 직장을 잡기란 참으로 어려운 일이다. 사람을 구하는 입장에서 보면 검증되지 않은 신입을 쓰는 것은 큰 모험이다. 내가 원하는 직종이 정해지면 큰 기업이든 작은 기업이든 조건을 따지지 말고 들어가 경력을 쌓아야 한다. 자격증은 기차를 탈 수 있는 하나의 티켓에 불과하다. 처음부터 초고속 열차를 타려고 욕심을 부리다가 영원히 기차를 놓치는 수가 있다. 방향만 맞으면 일단 자주 오가고 요금도 싼 완행기차에라도 오르고 보자.

완행열차가 서는 역은 많다. 그 수많은 역 중 어디쯤에서 내가 원하던 고속열차가 내가 오르기만을 간절히 기다리고 있을지 누가 알겠는가! 제자리에서 멍하니 기다리기보다는 완행이라도 타고 가며 세상을 바라보자. 서서 바라보는 풍경과 차를 타고 가면서 보는 풍경은 속도감부터 다르다. 오랜만에 오른 기차에서 속도감에 멀미나지 않도록 조심하자. 흔들림이 몸에 익을 즈음이면 당신은 이미 경력자가 되어있을 것이다.

(2011년)

문門

살아가면서 우리가 열어야 하는 문은 몇 개쯤 될까? 생명이 잉태되는 순간부터 우리는 문을 두드려야 한다. 열 달 후, 엄마의 안온한 뱃속으로부터 어떤 불가항력의 힘에 떠밀려 세상에 올 때에도 문은 어김없이 우리를 기다린다. 아기가 세상에 올 때의 모습을 생각해 보라. 비록 두 눈은 감았으나 '문의 저 바깥쪽까지 달려보리라'는 각오라도 한 듯 두 주먹을 꽉 쥔 모습이다.

올해 3월, 내 앞에 있던 크고 단단한 문이 활짝 열렸다. 마흔 중반의 나이로 서류와 필기시험 그리고 면접까지, 겹겹이 닫혔던 문을 차례로 열고 취업이라는 열쇠를 손에 쥐었다. 천신만고 끝에 손에 넣은 열쇠지만 그리 오래 허락된 것은 아니다. 하나, 차후 정규직으로 전환될지 모른다는 가능성과 공공기관이라는 이

점 때문에 지원자가 무지하게 몰렸다. 최종 합격자 명단에서 내 이름을 발견했을 때, 세상을 다 얻은 것처럼 그렇게 좋을 수가 없었다.

나를 아는 사람들은 말한다, "남편이 못 벌어오는 것도 아닌데 왜 굳이 직장에 다니려고 하느냐?" 하고. 이럴 때 똑 부러지게 할 말은 없다. 곰곰 생각해보면 두려움 때문이 아닐까 한다. 인간의 평균수명은 점점 늘어나고 있는데 직장인의 평균 근속연수는 계속 줄어들고 있다. 정년까지 오래오래 한 직장에 다니고 싶지만 여건이 허락하지 않는다. 이미 현재의 수입만으로는 미래가 보장되지 않는 시대에 살고 있다.

세 아이를 키우면서 전업주부로 20년을 살았다. 같은 직장에 다니다 사내결혼을 했지만 남편과 내가 가는 길은 달랐다. 남편이 직장에서 승진을 하고, 조금씩 더 멋진 직장인이 되어 갈 때, 나는 점점 더 뚱뚱하고 극성맞은 아줌마가 돼갔다. 닦아도 다음날이면 다시 쌓이는 먼지와 승산 없는 전쟁을 하며, 남편과 아이들의 뒷바라지만 하다 보니 나는 없었다. 남편이 직장에서 모범사원으로 표창장을 받고 아이들이 학교에서 우등상을 받아와도 아무도 나에겐 청소 잘한다고, 밥 잘한다고 우등상을 주지는 않았다.

아이들이 조금 자란 후, 늘 꿈꾸어오던 대학에 들어갔다. 뒤늦게 시작한 공부가 꿀맛처럼 달았다. 정말 열심히 했다. 그랬더니 장학금도 주고 상장도 주었다. 가족들은 '제법인데.'하는 표정이었다. 그렇게 졸업을 했고, 배운 것을 나누고 싶다는 생각이 들었다. 더욱 분발하여 취업에 필요한 자격증을 따고 작년 3월 취직이란 걸 했다. 그러나 직업의 세계는 그리 호락호락하지 않았다.

20년 간 경력단절이었던 나에게 주어진 일은 문서에 목차 기록하기, 우편 발송 작업에 필요한 홍보물 접어 봉투에 넣기, 전화받기 등, 전문자격증이 없어도 누구나 할 수 있는 일들이었다. 어쩌다 일다운 일이 주어져도 컴퓨터를 마음대로 작동시킬 수 없었다. 창피함을 무릅쓰고 나이는 어리지만 직장선배인 20대 아가씨에게 묻기도 하고, 지난해에 만들어 놓은 문서를 보기도 하면서 주어진 일을 해냈다.

업무를 알면 알수록 컴퓨터 자격증이 절실했고, 궁하면 통한다고 인터넷 사이트를 뒤져 무료강의도 듣고, 책을 사면 따라오는 CD를 보면서 컴퓨터 자격증을 땄다. 비록 두 번의 고배를 마신 후 세 번째 도전에서 이루어낸 결과였지만 기쁨 또한 세 배로 컸다. 업무량과 월급을 비교하며 힘이 빠질 때도 있었지만 관련 경력과 필요한 자격증을 차곡차곡 쌓으며 10개월을 견뎠다. 40대가 지나버리면 영영 시작조차 할 수 없을 것 같은 불안감에 월급도 받고 경력도 쌓는다고 마음을 고쳐먹으니 견디기가 수월했다.

지금 나는 직장 2년차 신입이다. 전에 다니던 직장에서 계약기간이 만료되고 하루도 쉬지 못하고 다시 다른 곳에 취업이 됐다. 근무처만 바뀌었을 뿐 하는 일은 비슷하다. 작년보다 업무능력이 많이 늘었다고 스스로 평가한다. 실제로 작년보다 월급도 세 배쯤 올랐다. 그러나 아직도 가야할 길이 멀다. 배워야 할 것도 많고, 보고 느끼고 겪어야 할 것도 많다. 가끔 힘들다는 생각도 들지만, 내가 일할 곳이 있고, 그 일이 누군가에게 도움이 된다는 것이 참 좋다. 내게 그만한 일을 치러낼 능력이 있고, 일을 하면서 다른 이들의 이야기를 듣고 그들의 삶에 공감하고, 함께 느끼며 배울 수 있다는 것도 감사한 일이다.

한쪽 문이 닫히면 다른 쪽 문을 열면 된다. 그러려면 만능키, 혹은 여러 개의 열쇠가 있어야 한다. 그것이 우리가 평생 공부하는 이유이며 또 다른 문 앞에 설 수 있는 힘이다.

당신은 지금 어떤 문 앞에 서 있는가? 지금 당신의 손 안에 그 문을 열어젖힐 열쇠가 있는가?

(2012년)

오늘, 내 생의 가장 젊은 날

요즘 취업이 참 쉽지 않다. 일자리를 찾기 위해 센터를 찾아오는 사람들은 먼저 '구직표'라는 걸 쓴다. '구직표'에는 말 그대로 직업을 구하기 위해 기본적인 인적사항과 학력, 경력, 자격사항, 희망직종 기타 근무조건들을 상세하게 기록하도록 되어 있다. '구직표'를 등록해 놓고 본인이 희망한 직종에서 일자리가 생기면 상담사가 조건을 비교해 보고 일자리정보를 안내하는 시스템이다.

'구직표'에는 '희망 임금'을 적는 난이 있다. 이 희망 임금이라는 게 쓰기가 참 애매한 면이 없잖아 있다. 임금이야 많으면 많을수록 좋은 것이니, '그저 많이 써 놓으면 되겠지'라고 생각하기 쉽다. 그러나 먼저 내가 가진 경력이나 자격증으로 얼마 정도의 임금을 받을 수 있는지 알아야 한다. 집을 사고팔 때 시세에 맞게 값을 흥정하는 것과 비슷한 이치다. '내가 이 아파트는 얼마에 분양받았으니 얼마를 받을 거야.' 하면서 비싼 가격에 내놓아봐야 아무도 집을 사려고 하는 사람이 없을 것이다.

상담을 하다보면 이 '희망임금'을 그야말로 본인 희망대로 쓰는 사람들이 있다. 고등학교를 갓 졸업하고 한껏 꿈에 부풀어 직장을 찾아볼까하고 센터를 찾았다가 '희망임금'란에 연봉 6천이라고 호기롭게 쓰는 청년들을 보면 오히려 귀엽다. 전업주부로 집에서 자녀들 뒷바라지만 하다가 아이들도 다 자라서 잔손이 필요 없고, 돈 쓸 곳은 많고 해서 취업이나 해 볼까 싶어서 찾아온 주부들은 대개 '희망임금'란에 월200이라고 쓴다. 또 근무 조건도 무척 까다롭다. 주5일제여야 하고 잔업은 없어야 하고 통근버스는 집 앞까지 오면 좋겠다고 한다. 그래서 자격사항이나 경력사항을 물어 보면 그저 웃기만 한다. 옛날 재학 때 취득했던 주산, 타자 자격증이라도 있으면 그나마 다행이다. 컴퓨터는 인터넷 검색은 가능하고 웬만한 건 할 수 있다고 하지만 확인할 방법이 없다.

나는 첫 직장을 시간제로 시작했다. 오후 1시부터 6시까지 하루 5시간씩 일하고 월 60만 원을 받았다. '교통비 빼면 남는 것도 없겠다.' 싶었지만 그래도 새롭게 시작한 직장생활이 즐거웠다. 그렇게 계약기간 8개월을 채우고 공공기관에 공채시험을 거쳐 직장을 옮겼다. 8개월의 경력이 없었다면 합격은 불가능했을 것이다. 경력을 중시하는 상담일의 특성상, 월 60만 원의 시간제 일자리였으나 경험을 쌓는 데에는 더없이 좋은 기회가 되었던 것이다.

공채로 필기시험과 면접시험을 거쳐 어렵게 입사했으나 정규직은 아니었다. 새로 만들어진 제도를 운영하는 업무라 그랬는지 일은 아무리 해도 끝이 없고, 잦은 야근으로 몸은 지쳐갔다. 민원을 다루는 업무다보니 스트레스도 엄청났다. 근무연수가 일 년이 지나도 급여는 조금도 오르지 않았고, '무기계약직'으로 전환된다는 소문만 무성할 뿐이었다. 조금 더 근무하다가는 머리가 어떻게 되어버릴 것 같은 중압감으로 인해 15개월 공공기관 근무에 종지부를 찍었다. 몇 개월 휴식과 시행착오를 거치며 지금의 일자리에 다시 안착하게 되었다.

주부들은 남편이 가져다주는 월급으로 한 달을 산다. 오랫동안 그리 살았으니 자신도 밖에 나가면 그만큼은 아니라도 월 2, 300은 받을 수 있겠거니 생각하며 사는 사람들이 많다. 특별한 전문직이 아니고는 재취업이 그리 호락호락하지 않다. 세상은 빠르게 변하고 노동시장에 남아도는 인력이 너무도 많다. 지금은 이력서를 여러 가지 자격증으로 화려하게 채워 넣은 젊고 빛나는 청춘들도 취업이 쉽지 않은 형편이다.

5, 60대분들이 오히려 취업에 더 적극적이다. 든든한 직장에 다니던 남편도 5, 60대만 되면 주된 직장에서 물러나야 한다. 정년이 있어도 정년을 채우는 회사는 드물다. 생활비를 아껴 학원에 보내고 공부시켜서 대학 졸업을 시켜놔도 아들딸은 번듯한 직장에 취업을 못하고 이리저리 아르바이트만 뺑뺑이를 돈다. 남편이 예전만큼 벌어오지 못하니 생활비는 부족하고, 믿었던 아이들도

취업을 못하니 서로 쳐다보며 한숨을 쉬다가 엄마가 대신 직장을 찾아 나선다. 특별한 자격증이나 경력이 없으니 할 수 있는 일은 한정적이다. '청소'나 '주방보조직'이 그나마 조금 수월해 보인다. 그러다 보니 이런 직종이 특히 경쟁이 심하다.

인력이 필요한 곳에서 직접 사원을 채용하면 좋겠지만 요즘은 대부분 채용대행이 많다. 도급업체나 인력채용업체에 필요한 조건을 말하고 인원을 구해달라고 요청한다. 그렇게 한 단계를 더 거치니 임금은 더욱 낮아진다. 그래도 인원관리나 업무 측면에서 더 효율적이라고 생각하는지 채용대행 업체는 점점 더 늘어나고 있다. 공공기관도 예외는 아니다. 공무원 외에는 대부분 업체를 거쳐 인원을 뽑는다. 공공기관에 근무하고 있어도 소속은 전혀 다른 기업이고 급여도 그곳에서 받는다. 갑과 을의 관계가 아니라, 한 단계 더 거쳐서 갑, 을, 병의 관계가 되어 버린다. 그러니 사람값은 점점 하향곡선을 그린다.

평균수명이 자꾸 늘어나고 있다. 앞으로는 8, 90까지 일을 하겠다는 마음으로 살아야 한다. 일자리를 찾아오는 어르신들 중 대부분은 돈도 돈이지만 '심심해서', '노는 게 힘들어서' 일하고 싶어 한다. 내 나이가 얼마든 앞으로 무엇을 하며 살 것인지를 고민해야하는 이유다. 경제적으로 든든한 사람은 노년에 무엇을 하며 보낼 것인지를 고민해야 하고, 경제력이 부족하다 싶으면 한 살이라도 어릴 때부터 직장을 잡아서 경제활동을 시작해야 한다.

'오늘은 내 생애에서 가장 젊은 날이다.'라는 말이 있듯 지금

바로 시작해야 한다. 우선, 자신의 흥미나, 적성을 알아야 하고, 자신의 경력이나, 자격사항도 점검해 보아야 한다. 그리고 현재 노동시장에서 본인의 가치는 얼마나 되는지 파악하는 것이 우선이다. 그리고 처음부터 흡족하지 않아도 우선 용기 있게 시작하고 보는 게 중요하다. 자신의 인생 전반에 대해 계획을 세우고 어떻게 살 것인지 대안을 가지고 미래를 대비해야 한다.

항간에 떠도는 말이 있다. 10대에는 공부 잘하는 친구, 20대엔 연애 잘하는 사람, 30대엔 좋은 직장에 취직하는 사람, 40대엔 승진을 하거나, 자기분야에 전문가인 사람이 대세라 한다. 50대엔 여럿이 모였을 때 밥값 정도는 시원하게 낼 수 있을 정도로 경제력이 있는 사람이 대세요, 60대엔 직장이 있고 출근할 수 있는 건강과 능력 있는 사람이 최고라고 한다.

단 한번뿐인 인생이기에 최선을 다해 최고로 멋지게 살아내야 한다. 나는 현재 잘 살고 있는지 고민하며 아침마다 직장엘 간다. 출근할 직장이 있어 감사하는 마음으로.

(2015년)

포기 또는 오기

성공할 때까지 실패는 그저 실패일 뿐이다. 몇 번을 시도하든 도전에서 성공했을 때 비로소 실패를 '과정'이었다고 말할 수 있다. '내가 한때 그것에 도전했었지! 그러나 포기했어.' 그런 말은 의미가 없다. '도전했고, 또 도전해서 결국엔 성공했다.'처럼 결과가 해피엔딩일 때 하나의 신화, 하나의 이야기가 완성된다.

직업상담사로 일한 지 5년째다. 서른아홉에 대학공부를 시작하고, 더불어 이런 저런 자격증을 취득하면서 다시 직장을 잡기 위해 고군분투 하다가 '직업상담사'라는 직업을 알게 되었다. 국가자격증을 취득해야 한다는 것에 매력을 느껴 6개월을 투자해 '직업상담사 2급'을 취득했고, 3개월 만에 취업이 되어 지금에 이르렀다. 상담사로 근무하다 보니 직접적으로 필요한 자격증 외에도 부가적으로 공부해야 할 것이 많았다.

행정업무 처리를 위해 컴퓨터 관련 자격증도 취득해야 했고, 취업교육을 위해서는 심리검사를 다룰 줄도 알아야 했기에 서울까지 다니며 MBTI강사자격증을 취득했다. 직업 특성상 집단상담을 운영하기 위해서는 관련된 과정을 듣고 수료증을 받아야 했다. 과정이 개설된 곳이면 서울이든 부산이든 바쁘게 찾아다니며 부지런히 교육도 참 많이 들었다.

그중에서도 직업상담사1급 자격증을 취득하기가 제일 힘들었다. 1년에 두 번 국가자격 시험을 볼 수 있는데 이론과 실기시험을 거쳐야 한다. 이론 시험이야 객관식 4지선다로 풀기에 거뜬히 통과되었다. 문제는 실기였다. 시험에 대한 정보가 너무 없었다. 수소문 끝에 서울에 있는 직업상담협회에서 '1급 시험대비 과정'이 개설된 곳이 있다고 해서 찾아갔다. 그러나 지원자가 3명뿐이라 과정이 취소되어 버렸다. 다섯 명 정도면 힘들더라도 시작을 해보겠으나 세 명으론 힘들다는 원장님의 말씀에 맥이 빠졌다.

첫 시험은 정보도 없이 '시험지 구경이라도 하고 오자.' 하는 심정으로 시험장에 갔다. 필답형과 전산형 두 가지 문제가 나왔고, 두 종류의 시험을 3시간 내에 풀어야 하는 시험이다. 필답형은 상담관련 이론과, 심리검사와 관련된 물음에 논술식으로 서술하는 것으로 대략 20문제 정도가 나온다. A3용지 앞뒤로 5장, 10페이지 정도를 이론으로 빽빽하게 수기해야만 한다. 또 전산형은 주어진 자료를 보고 노동시장을 분석하는 문제와 계산문제가 있고, 그 자료를 바탕으로 취업박람회를 기획하는 것으로 분량은 A4용지 7-10매 정도를 컴퓨터로 작성해 제출해야 한다.

당연히 '불합격'이었다. 어떤 방식으로 답안을 작성해야 하는지 아무런 정보가 없었다. 다시 도전하기 위해 나름대로 이론서적을 찾아 읽고 답안을 준비해서 외웠다. 시험일 한 달 전부터 준비했다. 팔이 아프도록 적고, 볼펜도 부지기수로 닳아 없앴다. 그러나 두 번째 시험도 실패였다. 슬슬 약이 올랐다. 오기가 생겼다. 주변에 합격한 사람이 있는지 수소문해 보았다. 정보도 없고 합격률이 낮아 전국에 합격자가 100명이 조금 넘는 정도였다. 오랜 시간 끝에 합격자를 찾아내고 그분을 통해 어렵게 자료를 구입했다. 이제 공부만 하면 됐다.

또다시 시험일이 다가왔고 이번엔 1개월 보름 전부터 준비했다. 구입한 자료를 참고로 답안을 다시 나름대로 정리해보았다. '시험에 이 문제가 나오면 이렇게 적어야겠다.'는 생각으로 답안을 새로 만들었다. 2부를 뽑아 1부는 집안 곳곳에 붙였다. 씽크대에도 붙이고, 화장실과 화장대에도 붙이고 공부방에도 도배를 했다. 볼펜은 미리 한 다스 준비하고 연습할 노트도 몇 권 넉넉하게 준비했다. 전등 스위치를 누르면 곧바로 환하게 불이 켜지듯, 문제를 보면 머리와 손이 자동으로 답을 줄줄 쓸 수 있을 만큼 공부를 해야겠단 각오로 시험 준비를 시작했다.

직장을 다니며 준비를 해야 했기에 공부시간 확보가 우선이었다. 아침 5시부터 6시까지 1시간, 퇴근 후 8시부터 11시까지 3시간을 공부시간으로 정했다. 종일 모니터를 보면서 상담하는 업무라 퇴근하면 눈이 아파서 잠시 눈을 감고 소파에서 쉬어야 글씨가 제대로 보였다. 왜 이렇게 암기가 되지 않는지 쓰고 또 쓰고 팔이 아프도록 쓰고 다음날 다시 써보면 번번이 막혔다. 나쁜 머리를 원망하며 계속 쓰면서 암기를 반복했다. 주말엔 아파트 독서실을 이용했다. 기획 문제는 시험 열흘 전부터 연습했다. 가상 문제를 만들고 시간을 체크하며 시험일까지 매일 한 번씩 컴퓨터로 작성하는 연습을 했다. 그러나 세 번째 시험에서 또 낙방이었다. 시험결과를 보니 약 1문제 정도 못 맞혀서 불합격이었다. 이제 약도 오르지 않았다. '조금만 더 하면 합격하겠구나.' 오히려 스스로를 위로할 마음마저 생겼다.

네 번째 시험을 준비하며 나는 왜 이렇게 머리가 나쁜지 부모님이 다 원망스러웠다. '원자폭탄의 아버지'라 불리는 로버트 오펜하이머*처럼 좋은 두뇌를 타고났다면 '이까짓 시험이야 단번에 통과했을 텐데.' 싶은 엉뚱한 생각이 들었다. 그러나 어쩌랴! 그런 좋은 두뇌는 아무나 타고나는 것이 아닌 것을. 또다시 처음부터 차근차근 준비를 하는 수밖에 도리가 없었다. 네 번째 시험에도 떨어지면 이제 1차 시험도 다시 봐야 할 형편이니 정신을 바짝 차려야 했다. 시험일 한 달 전부터는 다른 건 눈에 들어오지도 귀에 들리지도 않았다. 온 정신을 시험에만 집중했다. 그렇게 장장 2년 만에 네 번째 도전에서 합격증을 손에 넣을 수 있었다. 또 하나의 해피엔딩이 탄생하는 순간이었다.

내년이면 벌써 내 나이 쉰이다. 반백이 코앞인 지금도 왜 이렇게 하고 싶은 일은 많은지 배우고 공부해야 할 것들이 머릿속에 가득하다. 이런 것도 습관이 되는지 아무것도 하지 않고 편안히 있으면 조금 불안해지는 순간도 있다. 그러나 덕분에 하루가 일주일이 한 달이 무지하게 빨리 흐른다. '배움에도 다 때가 있다.'는 말은 이제 옛말이다. 요즘은 배우고 싶은 마음만 있으면 얼마든지 새롭게 시작할 수 있다.

뭔가 시도하고 도전하며 배우는 사람은 언제나 청춘이다. 실패하더라도 다시 도전하자. 실패가 거듭될수록 실력도 분명히 는다. 장벽이 거기 서 있는 것은 가로막기 위해서가 아니라 우리가 얼마나 간절히 원하는지 보여주기 위해서라고 한다. 추억하며 아쉬워하기보단 행복한 결말을 꿈꾸며 다시 도전하는 사람이 되고 싶다. '포기'란 말보다 '오기'란 말이 어울리는 사람이 되고 싶으니까.

(2015년)

* 로버트 오펜하이머는 어느 날 문득 단테를 원서로 읽고 싶다는 생각이 들어서 한 달 만에 이탈리아어를 습득했다. 이후 네덜란드에서 강의를 하게 되어 '그럼, 좋은 기회다.'하며 육 주간 공부하여 네덜란드어를 유창히 말하게 되었다고 한다. 산스크리트어에도 흥미가 생겨 『바가바드기타』를 원전으로 읽었다고 한다. 흥미가 가는 대로 조금 의식을 집중하는 것만으로 대부분의 것은 간단히 습득해 버렸다고 한다.

류수미 수필집

눈이 녹을 때

인쇄 2016년 7월 15일
발행 2016년 7월 22일

지은이 류수미
발행인 서정환
펴낸곳 수필과비평사
주소 서울시 종로구 삼일대로 32길 36(익선동 30-6 운현신화타워 빌딩) 305호
전화 (02) 3675-3885, (063) 275-4000 · 0484
팩스 (063) 274-3131
이메일 sina321@hanmail.net essay321@hanmail.net
출판등록 제300-2013-133호
인쇄 · 제본 신아출판사

ISBN 979-11-5933-031-5 03810

값 13,000원

이 도서의 국립중앙도서관 출판예정도서목록(CIP)은 서지정보유통지원시스템 홈페이지(http://seoji.nl.go.kr)와 국가자료공동목록시스템(http://www.nl.go.kr/kolisnet)에서 이용하실 수 있습니다.(CIP제어번호: CIP2016017425)

Printed in KOREA